Lesende Frauen

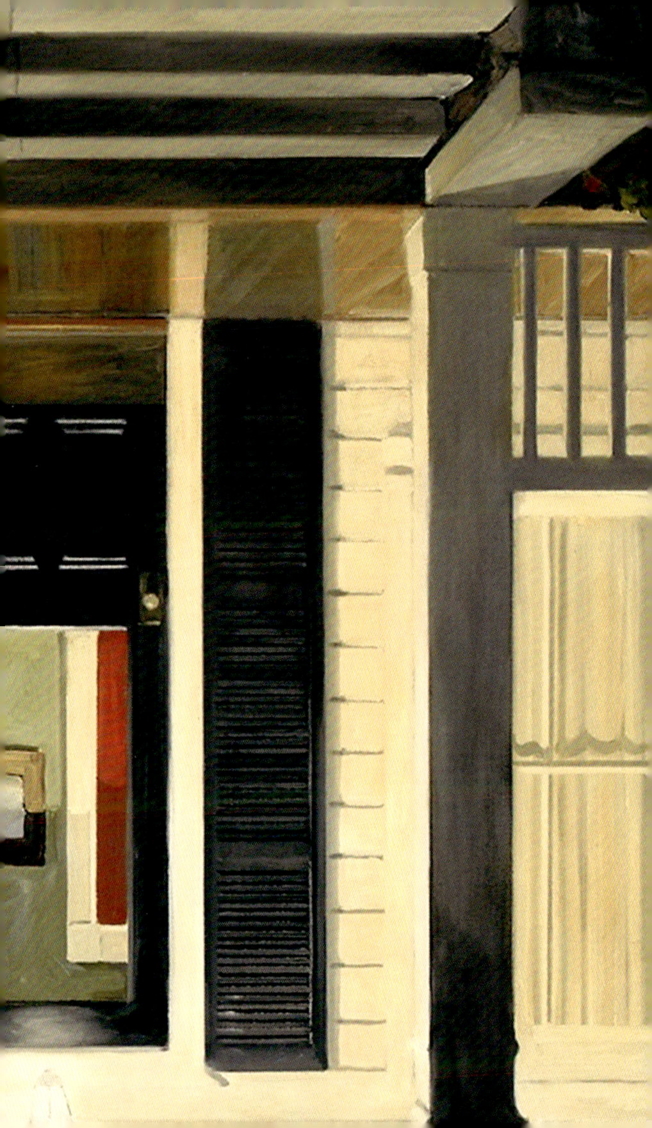

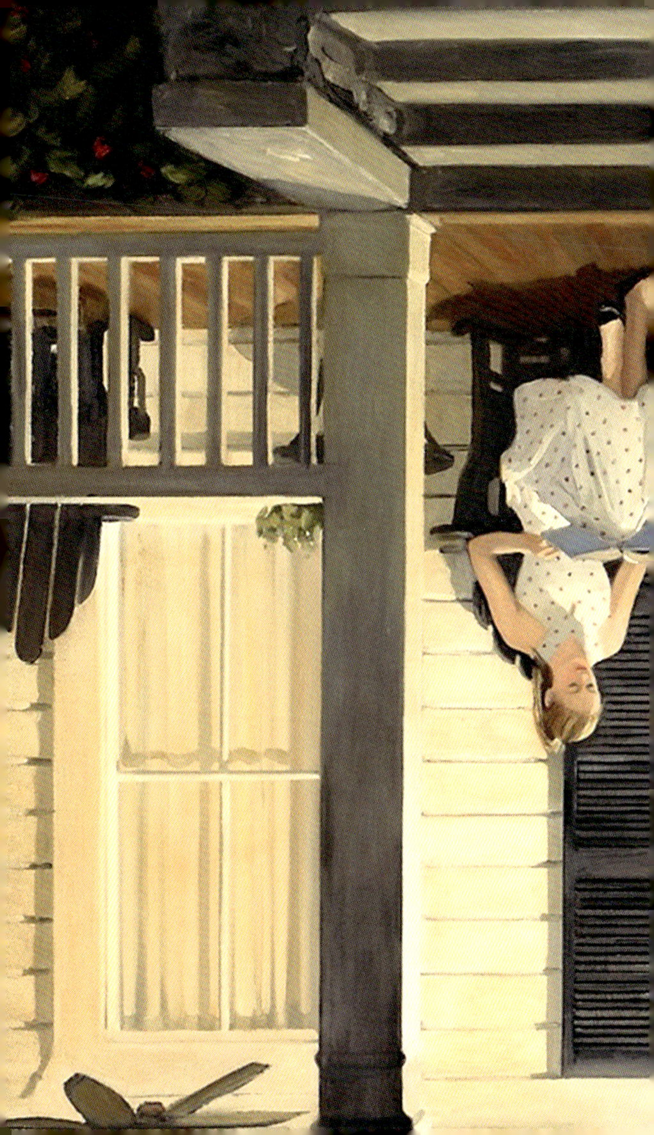

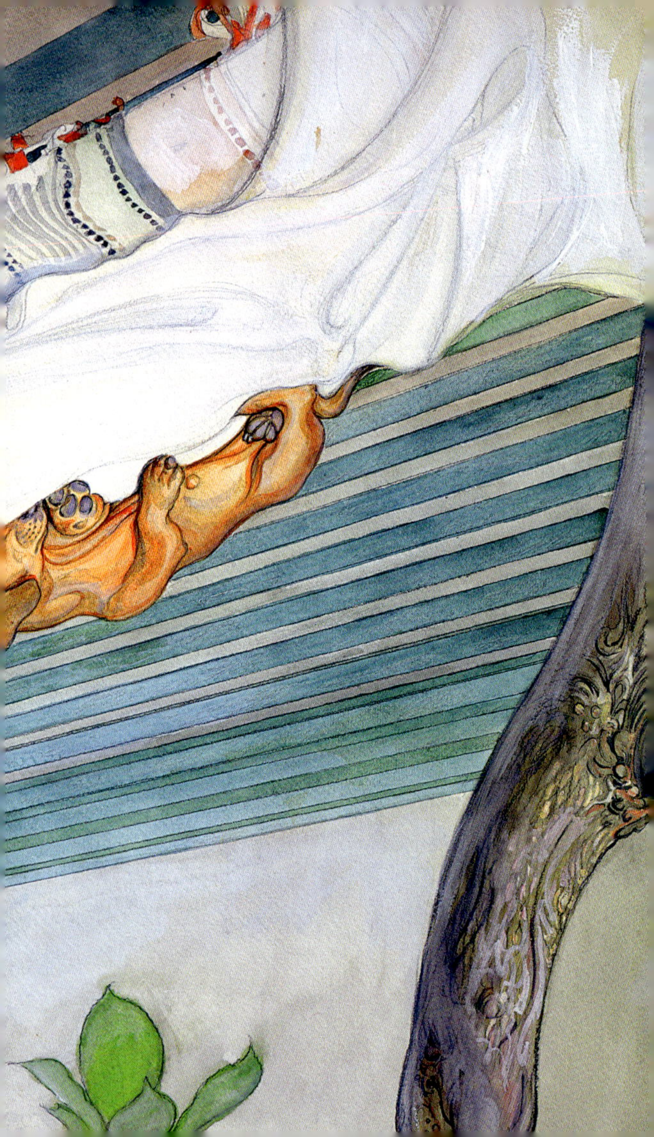

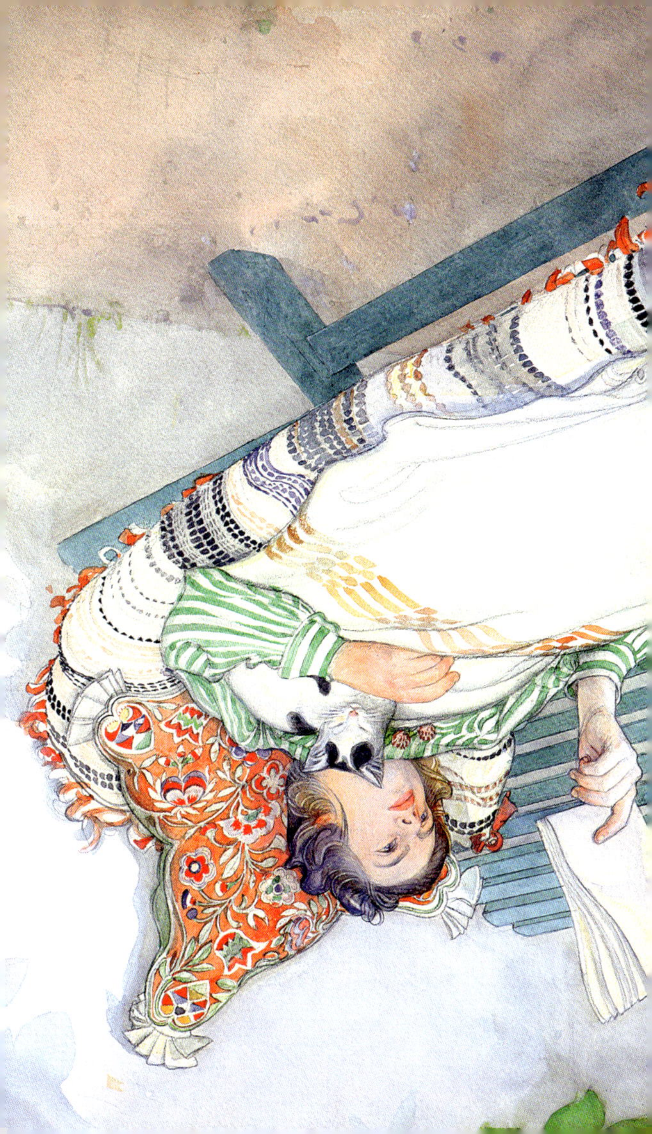

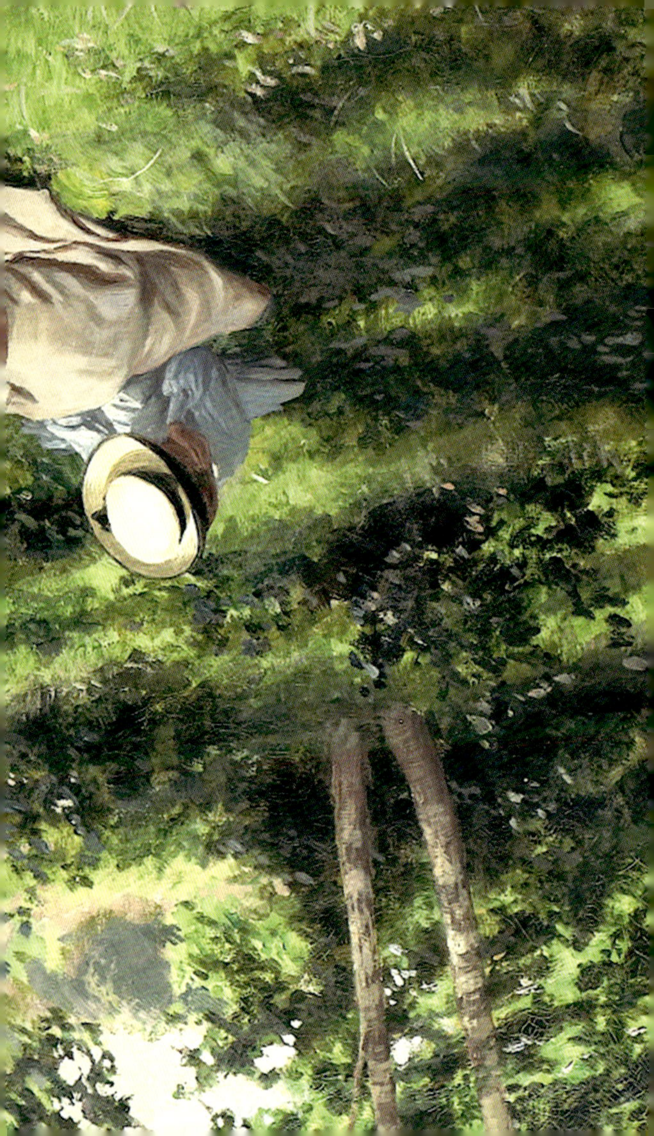

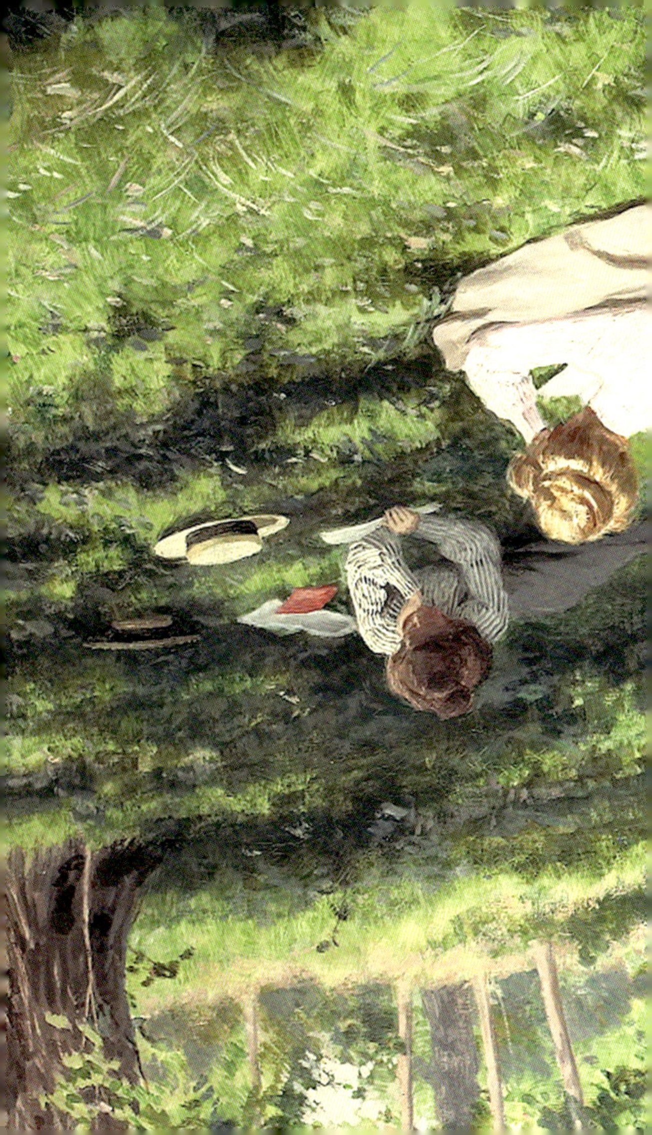

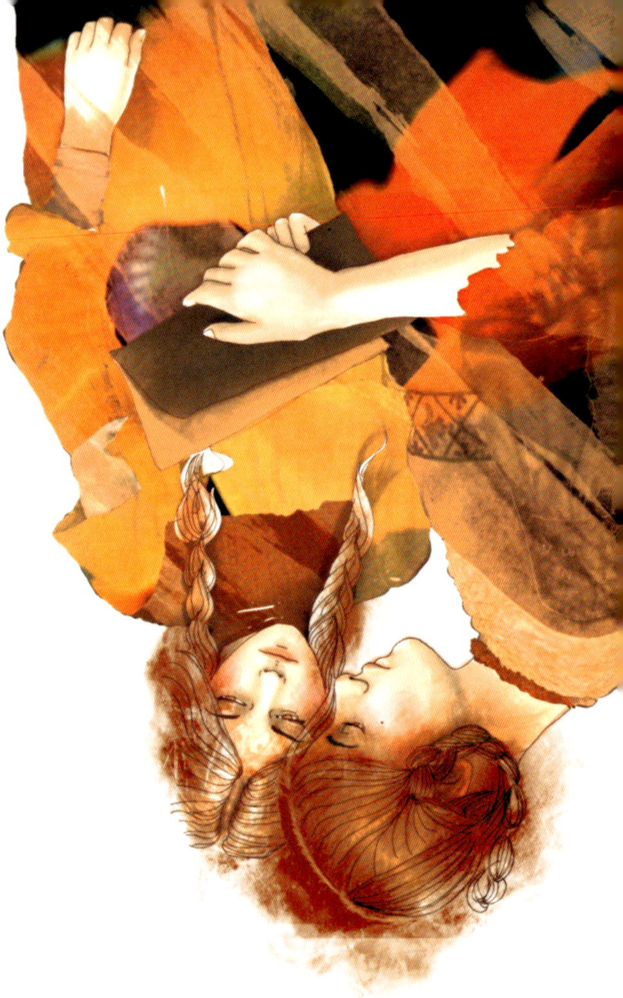

Lesende Frauen

Mit einem Text von

Christine Westermann

THIELE VERLAG

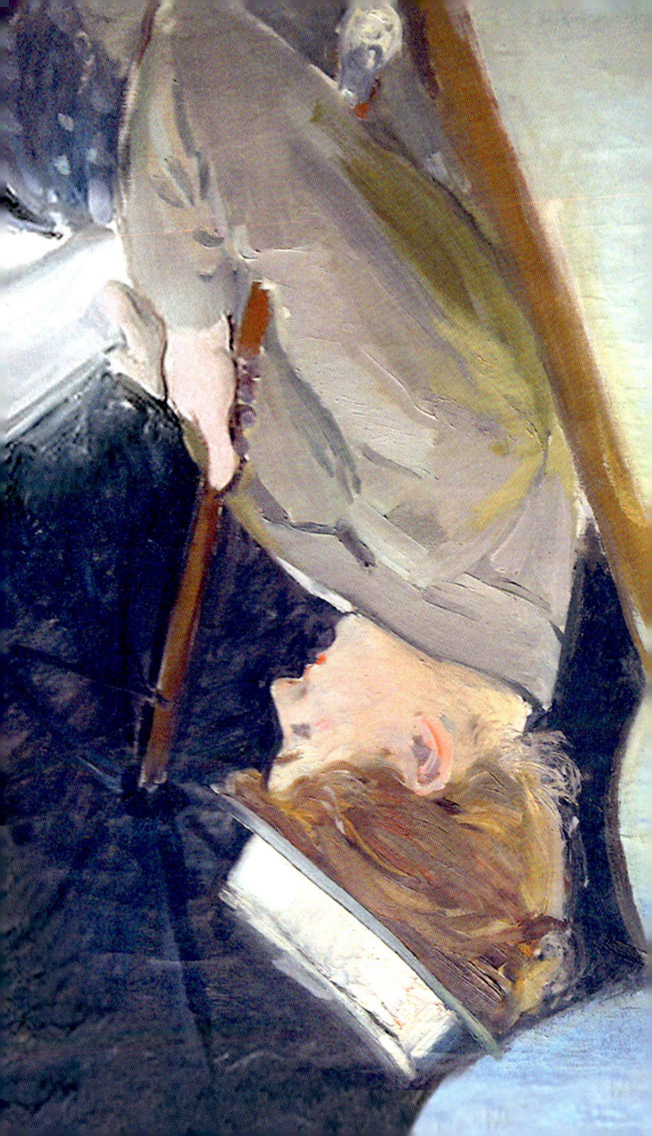

Vielleicht sind ja Bücher
das einzig wirklich Magische
in diesem Leben.

ALICE HOFFMAN

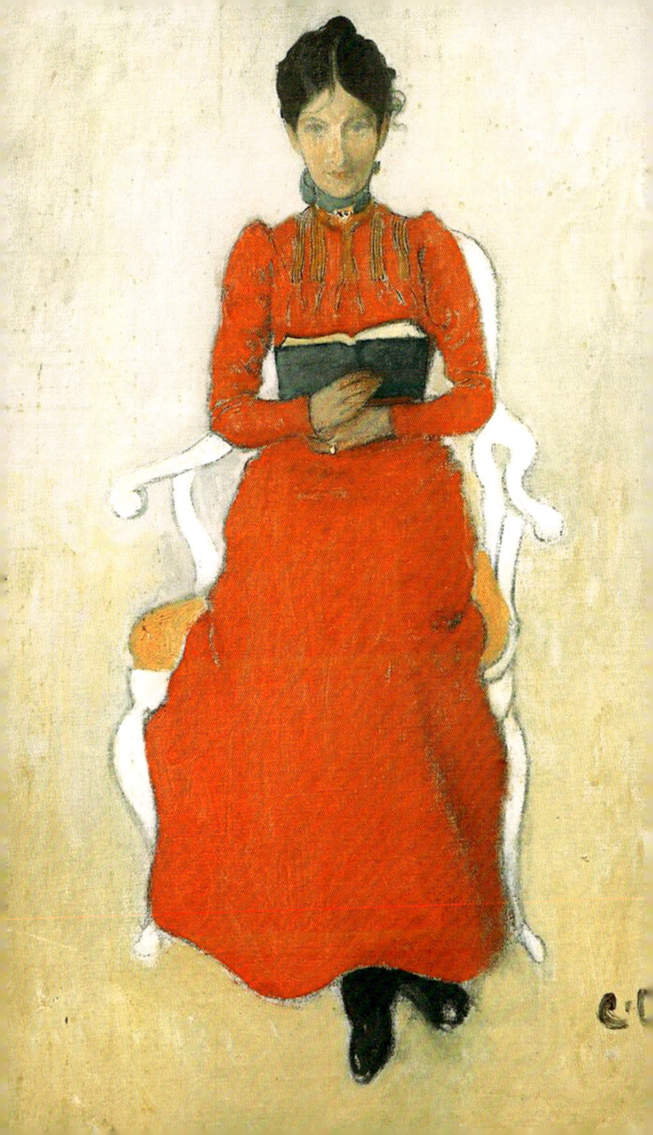

MANCHE
BEHAUPTEN,
LEBEN WÄRE
DAS WAHRE,
ABER ICH ZIEHE
LESEN VOR.

RUTH RENDELL

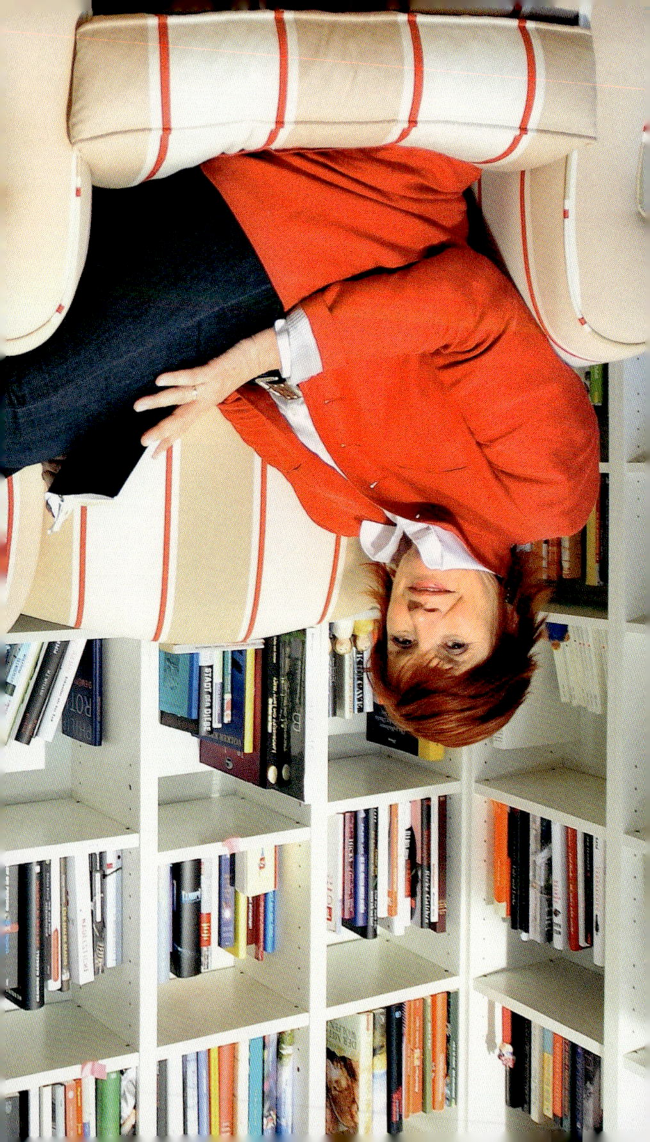

CHRISTINE WESTERMANN

Lesende Frauen

Es war der Gegensatz zwischen bitter und süß, der mir nie mehr aus dem Kopf gegangen ist. Noch heute mag ich Kaffee am liebsten schwarz, sehr heiß, und wenn es geht, mit einem Stück Apfelsine.

Wie Cécile, das junge Mädchen in *Bonjour Tristesse*. Dass sie Cecile hieß, hatte ich längst vergessen, auch warum sie traurig war, welche Intrige sie angezettelt hatte, welches Ende die Geschichte nahm. Aber wenn ich den Buchtitel sehe, dann taucht sofort wieder das Bild eines jungen Mädchens mit Kaffee und Orange auf. Sobald ich ihm nachspüre, habe ich das Rauschen des nahen Meeres im Ohr, die Wärme der Sonne auf der Haut, den Geruch von Lavendel und Erde in der Nase.

1964 ist *Bonjour Tristesse* von Françoise Sagan auf Deutsch erschienen. Als ich es las, war ich sechzehn Jahre alt, ein bisschen jünger als Cecile.

Heute, mehr als vierzig Jahre später, kommt beim Betrachten des Buches wieder

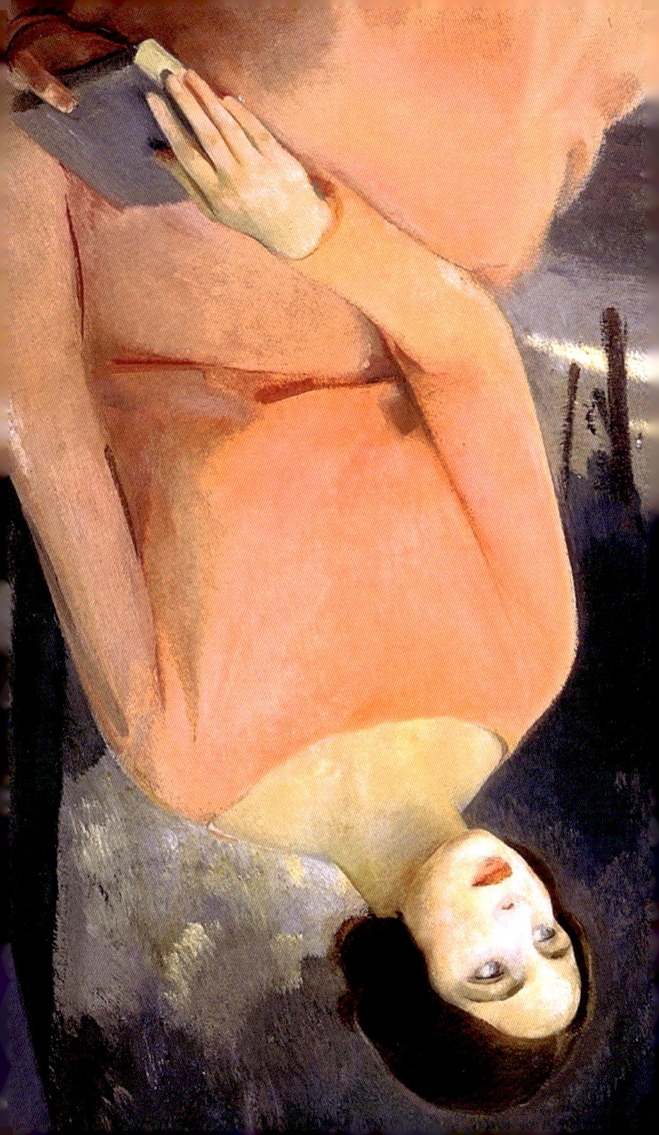

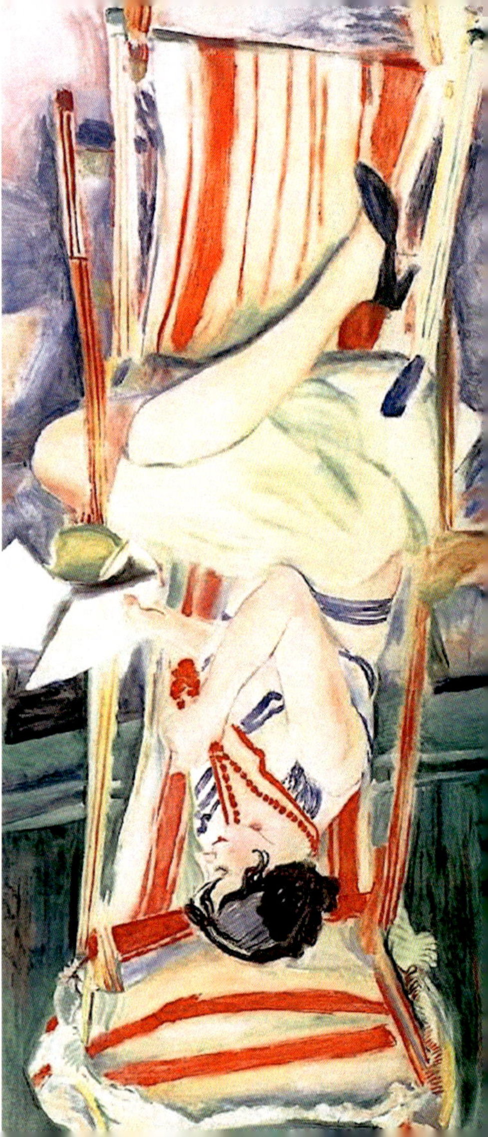

jenes unbestimmte Gefühl von Verlorenheit auf, jene scheue Traurigkeit, die ich damals empfand, weil so völlig unklar schien, wo das Leben mit mir hinwollte.

Ans Mittelmeer habe ich mich gewünscht, ein flüchtiges Verliebtsein wie Cécile wollte ich erleben, reich wäre ich gern gewesen, um im Sommer auf den Stufen eines Hauses an der Côte d'Azur zu hocken, statt meine Füße in einem Mannheimer Freibad in den Rhein zu hängen.

Es ist erstaunlich, welch heimliche Gier das Bild von Kaffee und Orange noch heute in mir ausgelöst, wie es mich damals umgetrieben hat.

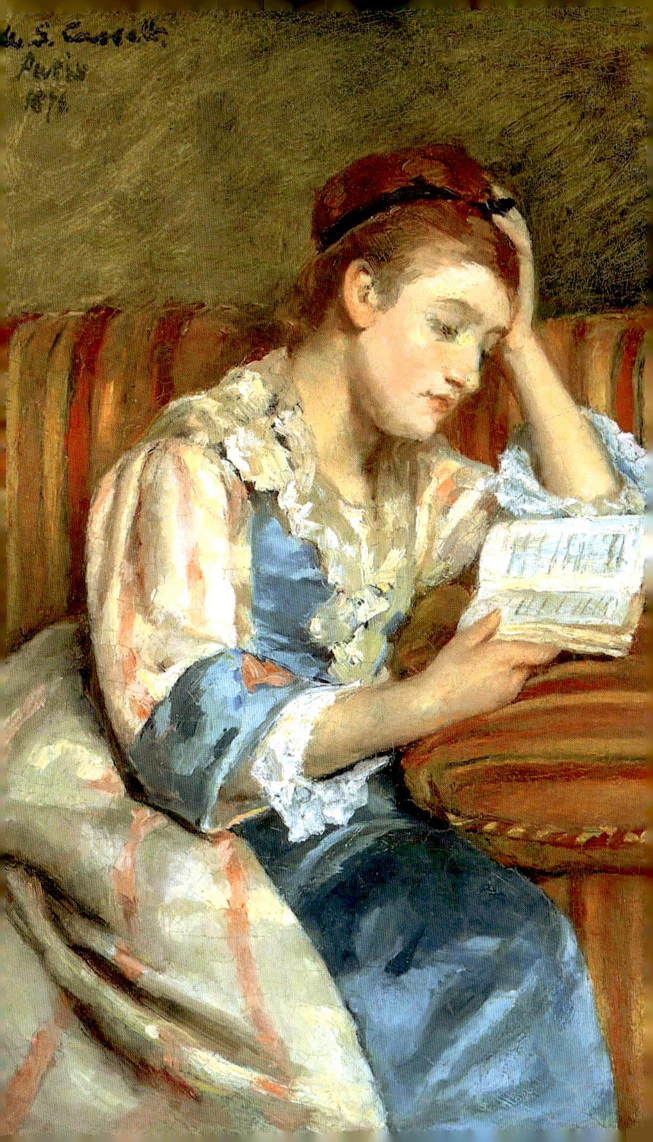

Im Original heißt es: »... und ich setzte mich schweigend mit einer Tasse Kaffee und einer Orange auf eine Stufe und widmete mich den morgendlichen Genüssen: Ich biss in die Orange und ihr süßer Saft spritzte mir in den Mund; gleich darauf folgte ein Schluck kochend heißen schwarzen Kaffees und wieder die frische Süße der Frucht. Die Morgensonne wärmte meine Haare und glättete meine Haut. In fünf Minuten würde ich baden gehen.«

Ich hätte schwören können, dass Françoise Sagan diese Morgenszene viel üppiger beschrieben, über eine ganze Seite ausgemalt und ausgeschmückt hat.

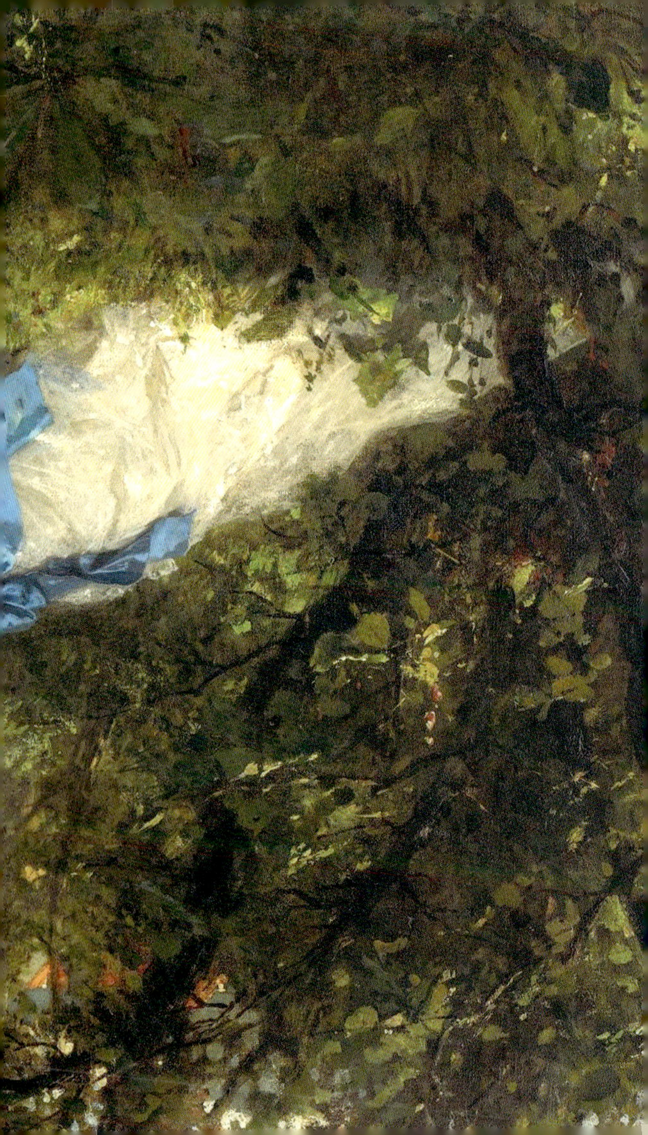

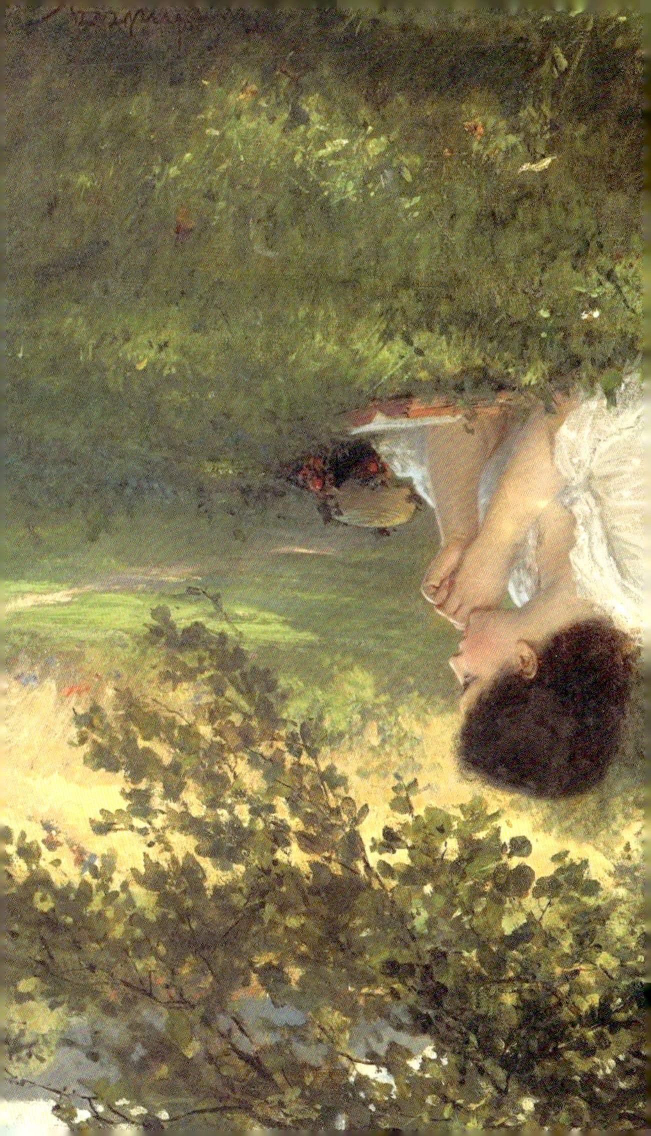

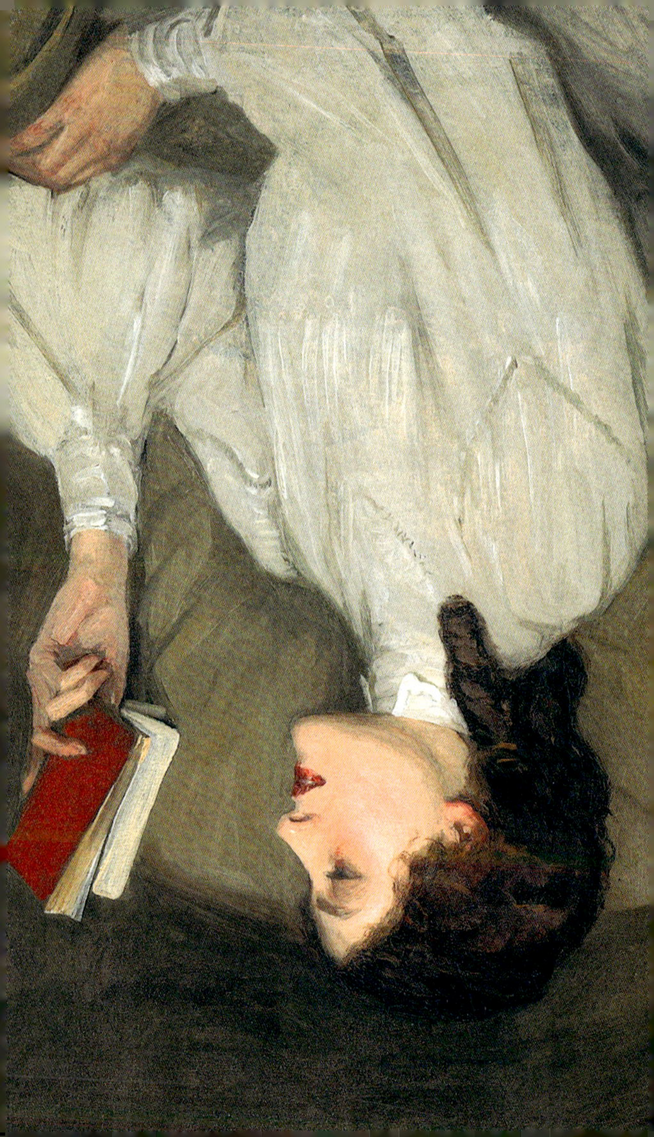

Hier waren Reihen von
gebundenen, mit Goldschnitt
versehenen Büchern ausgelegt,
die bereits aufgeschnitten waren;
ich las im Stehen ein oder
zwei Stunden lang, ohne dass
je ein Verkäufer mich störte.
Ich sagte mir, dass, solange
es Bücher gebe, das
Glück mir sicher sei.

SIMONE DE BEAUVOIR

Hat sie nicht, meine Phantasie hat das getan.

Ich weiß das, weil ich nachgeschaut habe. Das längst vergilbte Taschenbuch, gelbbraun wie Milchkaffee, den ich nur selten trinke, habe ich im Bücherregal ganz oben entdeckt, fast schon unter der Decke.

Dort stehen sie beisammen, die Bücher, die ich mit Leidenschaft gelesen habe, als ich jung war: Gustave Flaubert, Anaïs Nin, Arthur und Henry Miller, Albert Camus, Jean-Paul Sartre, vier Bände von Françoise Sagan.

Ich habe diese Romane nie zweimal gelesen. Was sie mich lehren konnten, habe

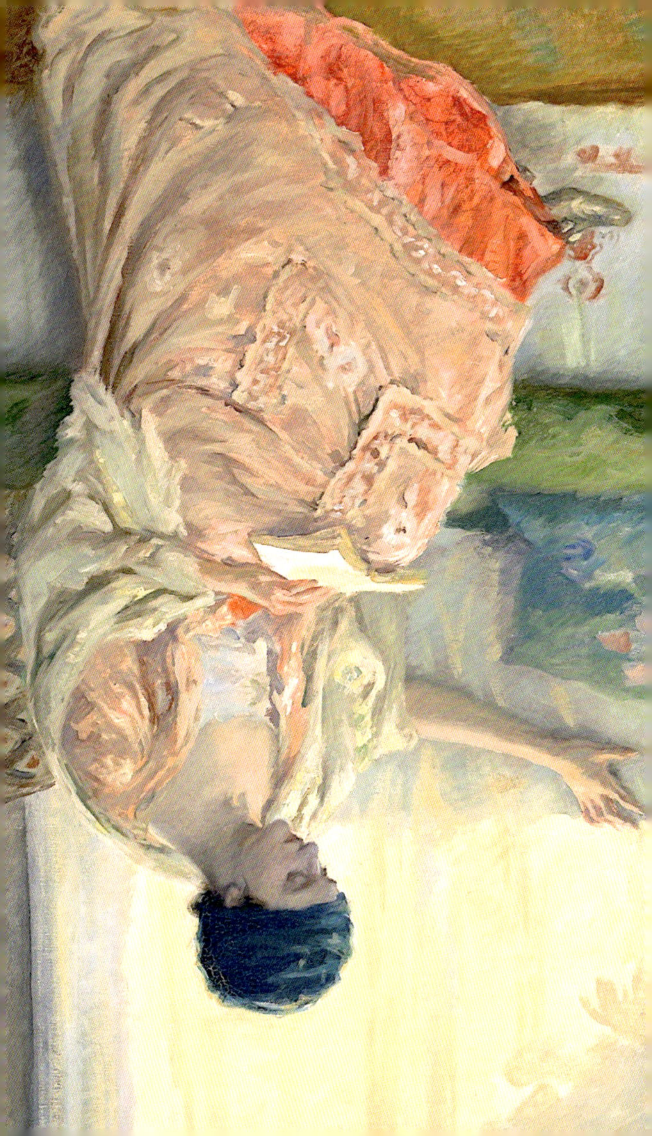

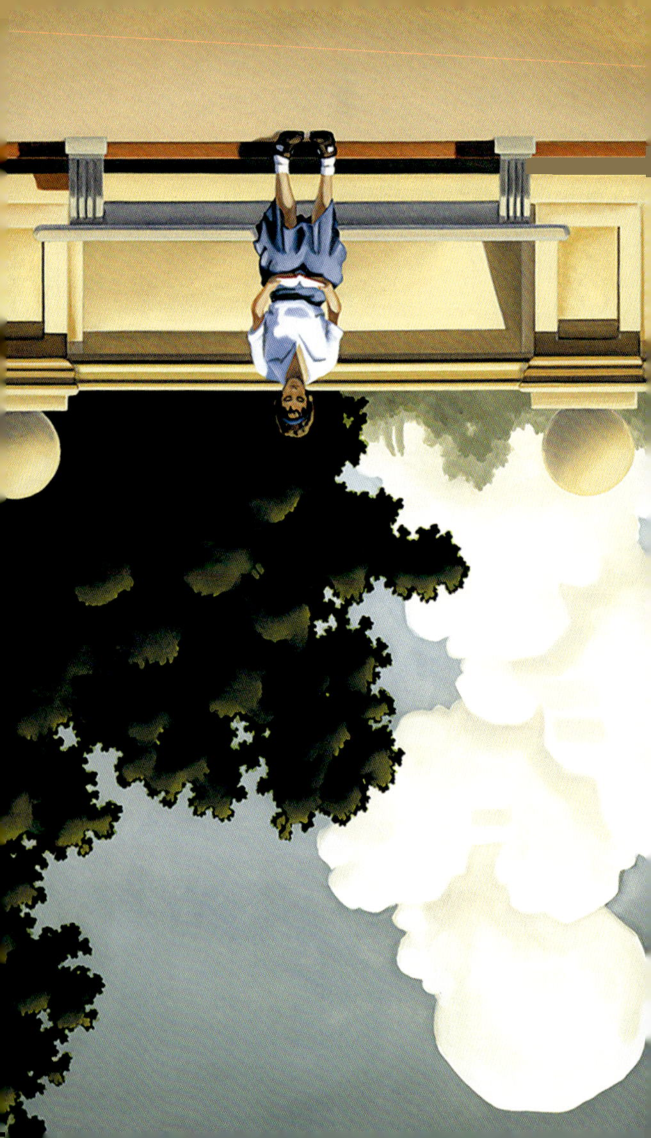

ich erst im Kopf und dann im Herzen verstaut. Und doch haben mich diese Bücher immer dorthin begleitet, wo für eine Weile meine Heimat und mein Zuhause waren.

Nach San Francisco zum Beispiel zog ich mit zwei Kaffeetassen und vier großen Kisten voll mit schon längst gelesenen Lieblingsbüchern. Als ich nach zehn Jahren wieder nach Deutschland zurückkam, waren es ein paar Bücherkisten mehr geworden.

Man kann meinen Büchern durchaus ansehen, dass sie mich durchs Leben begleiten.

Neulich hat mich eine Buchhändlerin getadelt.

Ich hatte bei einer Lesung mein Buch geknickt, es war voll mit Eselsohren, einige Seiten drohten aus dem Leim zu gehen. So dürfe man nicht mit Büchern umgehen, empörte sie sich.

Warum eigentlich nicht?

Zeigt man jemandem seine Zuneigung nicht auch, in dem man ihn berührt, mal behutsam, mal sanft, mal entschlossen und ungestüm, im glücklichen Gefühl jemanden festhalten, vielleicht sogar besitzen zu können? Ich kann nicht anders als meine Bücher an meinem Leben teilhaben zu lassen, das heißt gelegentlich auch Kaffee- oder Fettflecken, so gut wie immer Eselsohren.

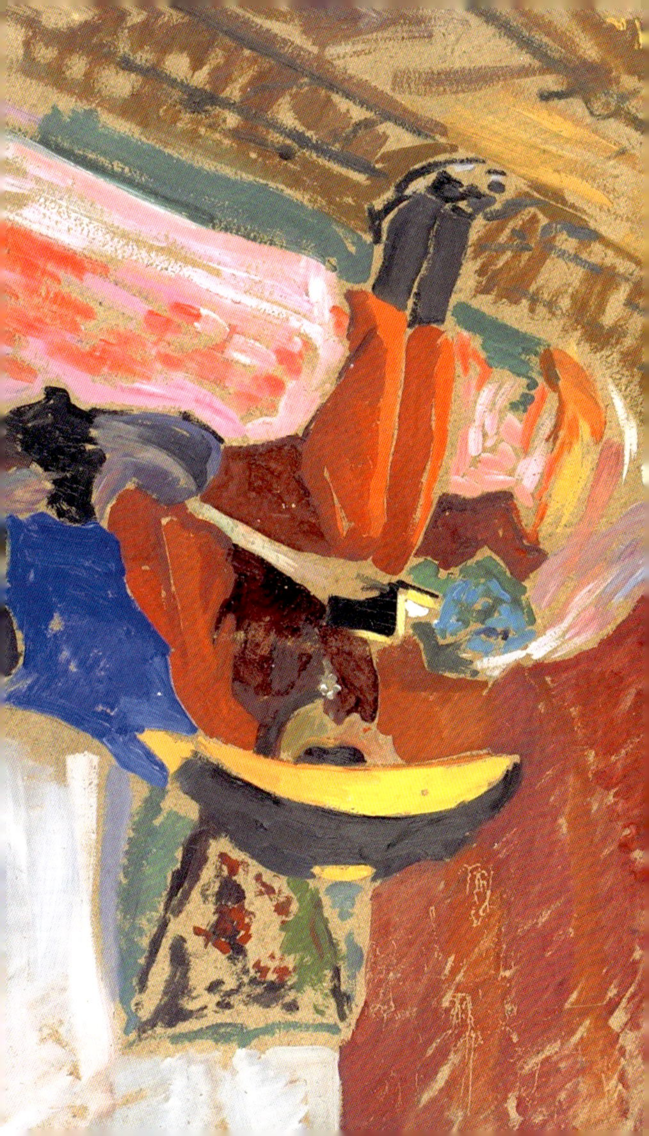

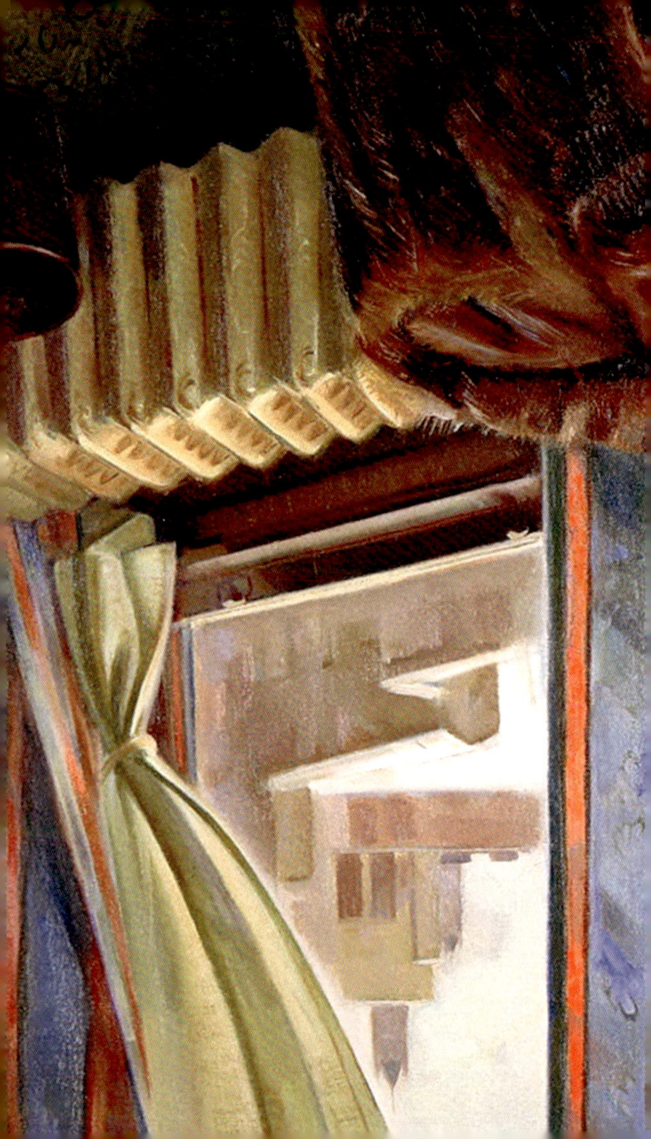

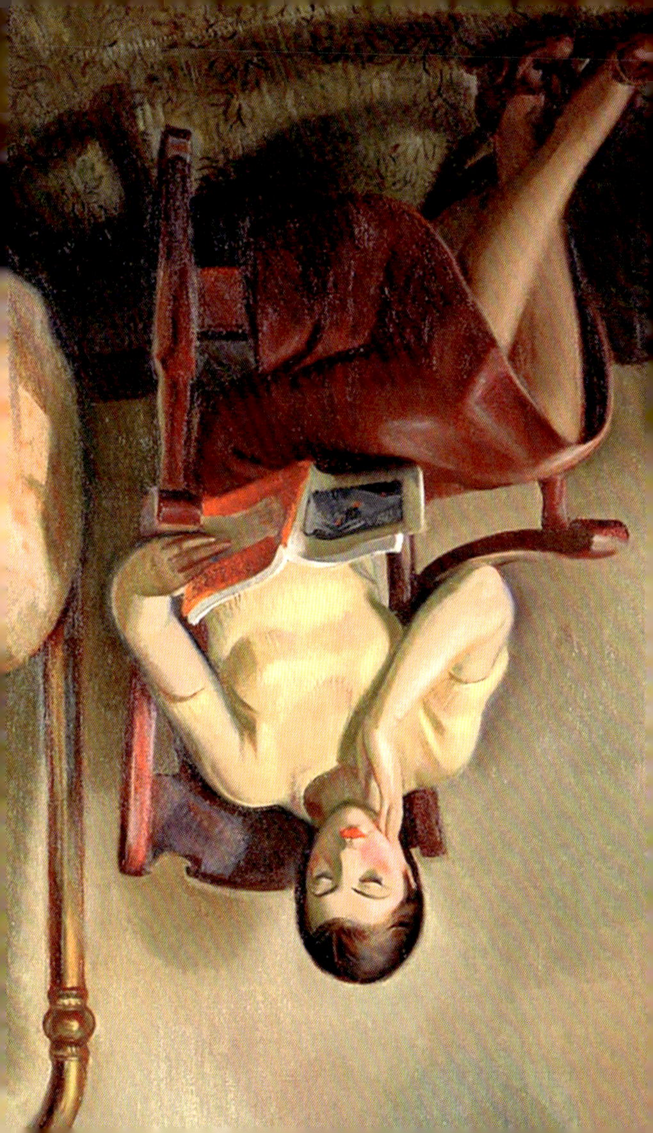

Hässliches Wort: Eselsohren. Unbedarft, dumm wie ein Esel muss einer also sein, wenn er scheinbar nachlässig und grob mit einem Buch umgeht. Das schwingt unausgesprochen mit, oder?

Im Englischen heißen sie *dog ears*, das klingt um so vieles liebenswürdiger. Und passt viel besser. Hundeohren sind von der Form gefälliger, immer aufmerksam, nehmen eine Gefühlsregung sofort wahr und gehen mit.

Knicke sind für mich eine Liebeserklärung an ein Buch.

Wie sonst gelänge es mir, Sätze und Kapitel wiederzufinden, die ein Buch lesens

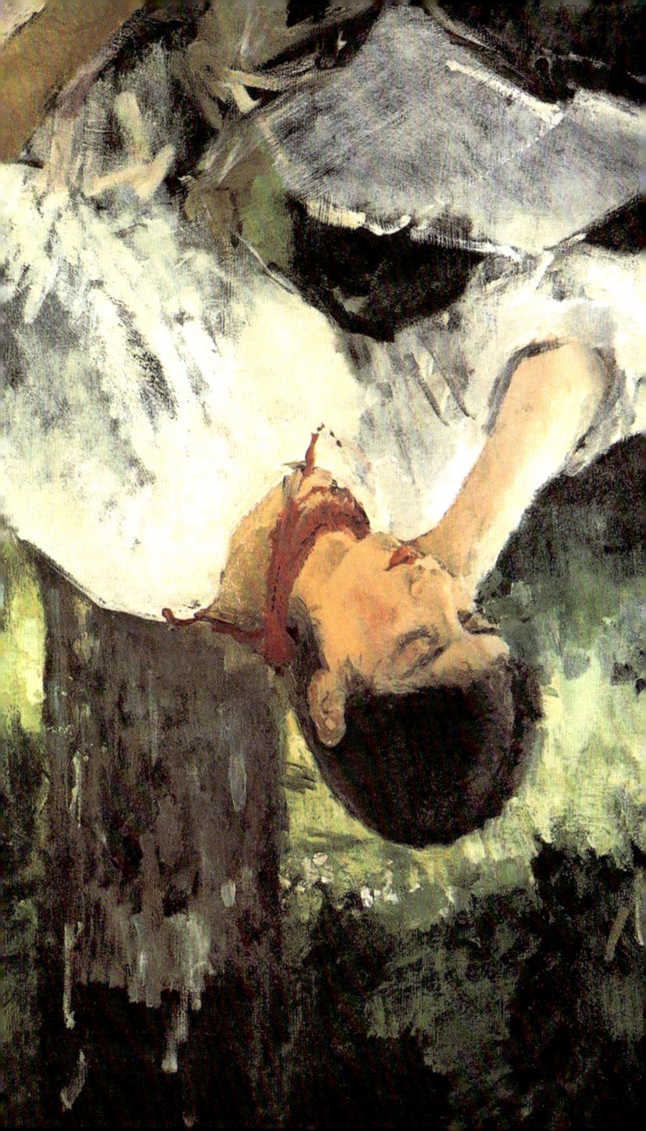

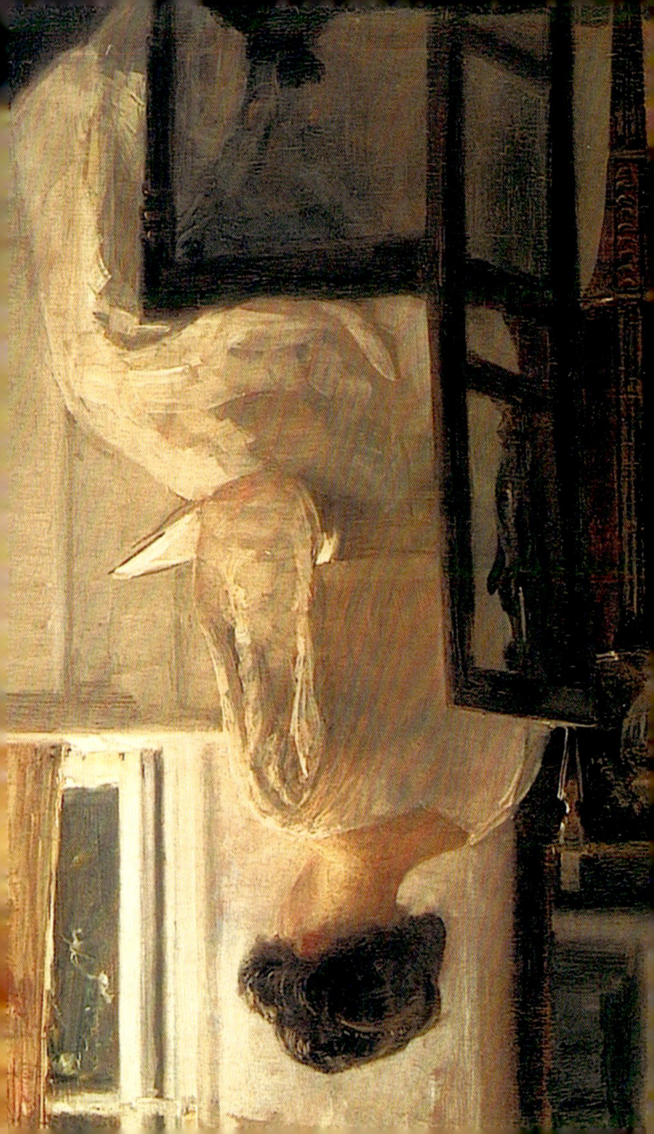

wert gemacht haben? Bücher, die mir Trost geben, Zuversicht, die ich hervorholen kann, wenn sich mir das Leben mal wieder in den Weg stellt und ich nicht weiß, wo es langgehen soll.

»Die Menschen weinen auf den Stoppelfeldern der Zukunft und sehen die vollen Scheunen der Vergangenheit nicht.« Vor einiger Zeit hat dieser Satz aus einem tschechischen Roman – *Der Engel des letzten Tages* von Michal Viewegh – mich eigentümlich berührt, hat in mir etwas geklärt. Als ich ihn jetzt zitieren wollte, habe ich ihn sofort gefunden. Der übergroße Knick in der Seite war nicht zu übersehen.

Manchmal erzählen Bücher auch vom Leben. Vom Leben der anderen ohnehin, aber auch vom eigenen.

Ich erlebe sie wie ein unsichtbares Tagebuch, wenn sie mir Jahre nach dem ersten Lesen wieder in die Hände fallen und ich in ihren Tiefen die Bordkarte eines Atlantikfluges, den Kassenbon eines griechischen Supermarktes, die Quittung für zwei Liegestühle, die Papierserviette einer Bar mit einer hingekritzelten Telefonnummer wiederentdecke.

Lesezeichen sind immer auch Lebenszeichen. Kleine Hinweise auf das, was den Leser eines Buches wohl bewegt haben mag, wo

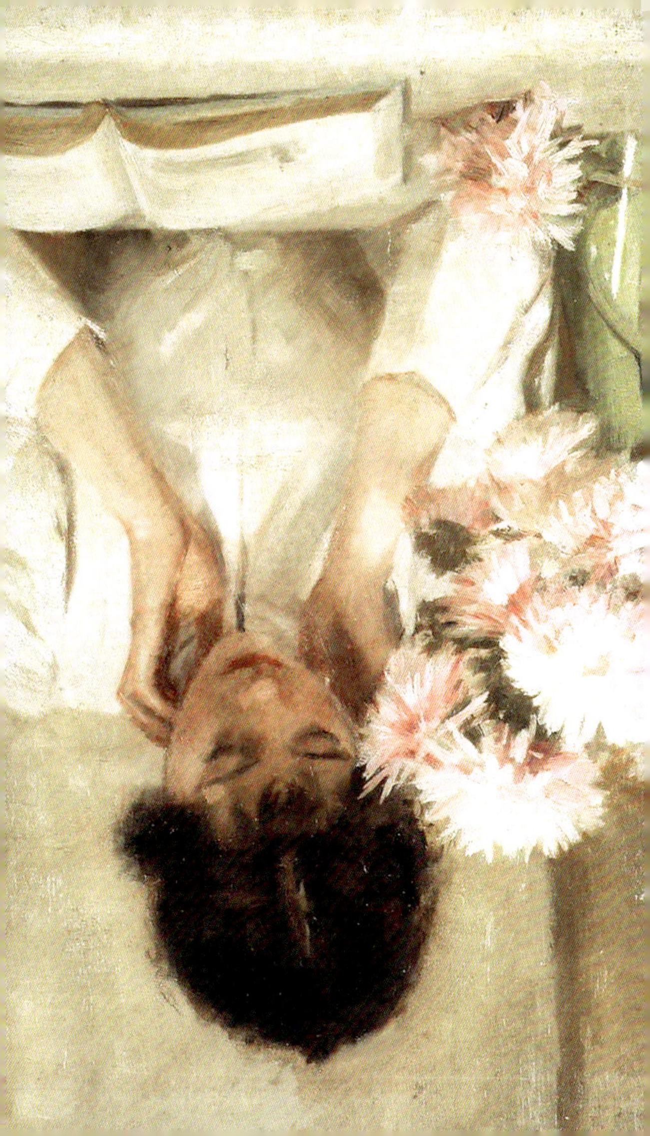

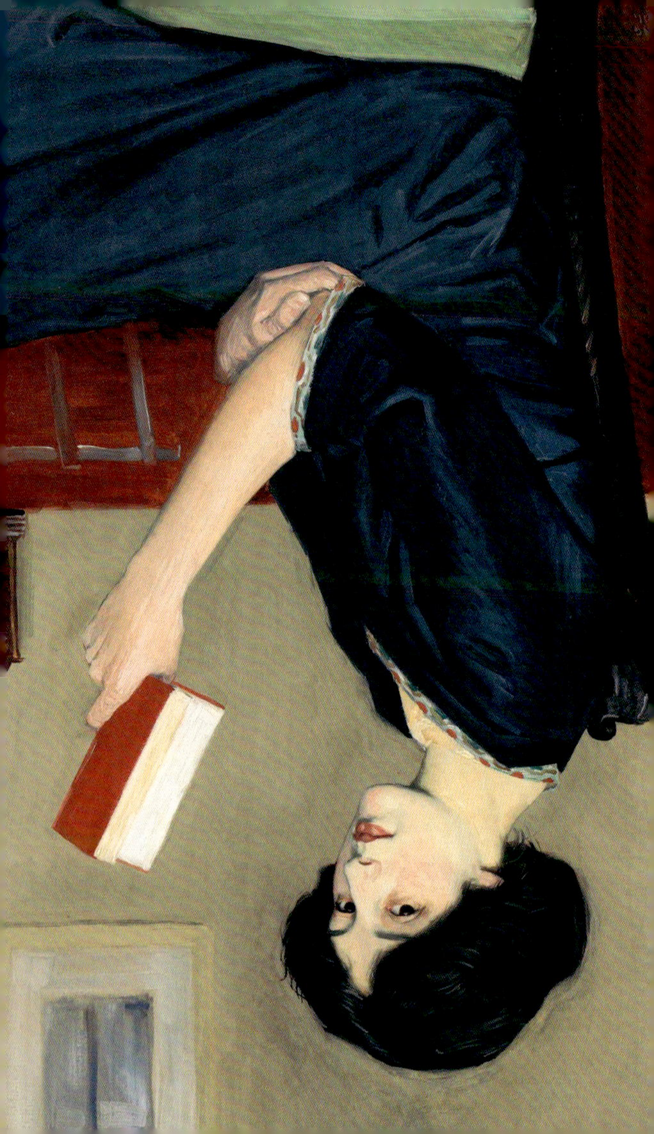

er gelesen hat und wann. Erinnerungen wie eine vergessene Ansichtskarte oder ein Zugticket hätte ich mir so gewünscht, als ich jetzt ein Buch meines Vaters wieder hervorgekramt habe, das am Anfang meines Leseweges stand: *André und Ursula*, geschrieben von einer Frau, Polly Maria Höfler. Es erzählt von der Liebe zwischen einer jungen deutschen Frau und einem französischen Soldaten in den Zeiten des Ersten Weltkrieges.

Mein Vater war in diesem Krieg als deutscher Soldat in Frankreich, er wurde dort schwer verwundet. Eine Erfahrung, die ihn für das Leben danach geprägt hat. Friede und Verständnis zwischen den Völkern, auch über politische Gräben hinweg, von dieser Vision war er beseelt.

André und Ursula war das erste Buch, das er mir zu lesen gab, ich muss zwölf oder dreizehn Jahre alt gewesen sein.

Er hat es mir nicht aufgedrängt, aber ich habe es nur ihm zuliebe gelesen. Was ihm wichtig war, sollte auch mir wichtig sein.

Dann kam Bertha von Suttner *Die Waffen nieder*. Auch ihre Geschichte hat er mir ans Herz gelegt.

Als ich das Buch jetzt noch mal aus dem Regal geholt habe, eine Volksausgabe, deren völlig verblichene Seiten aus einer gänzlich

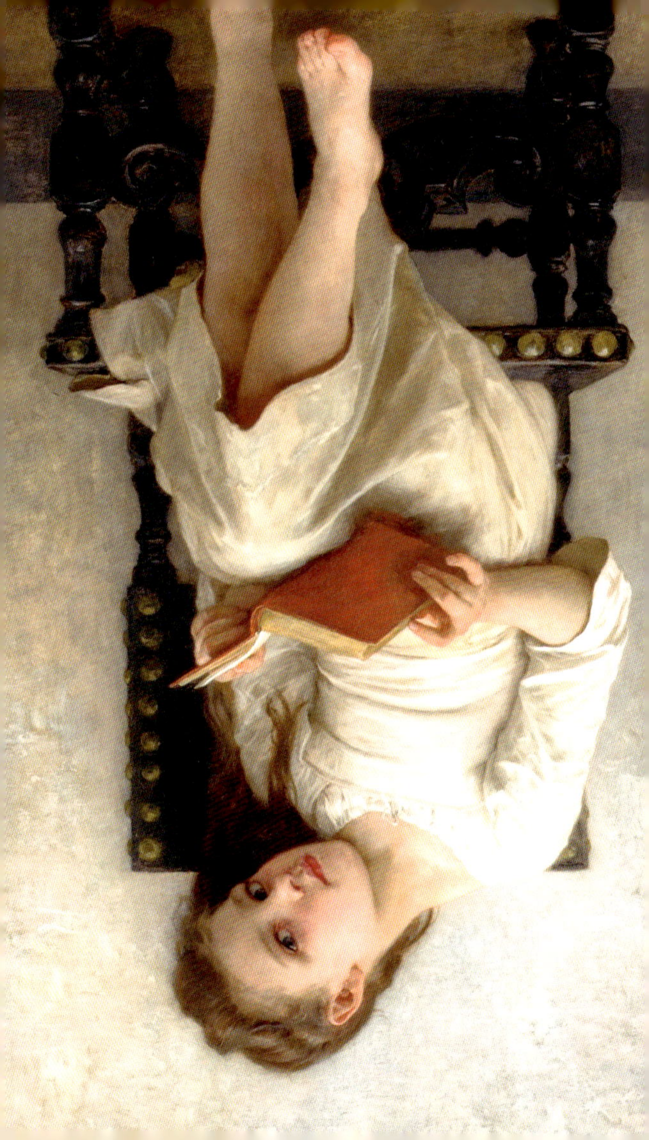

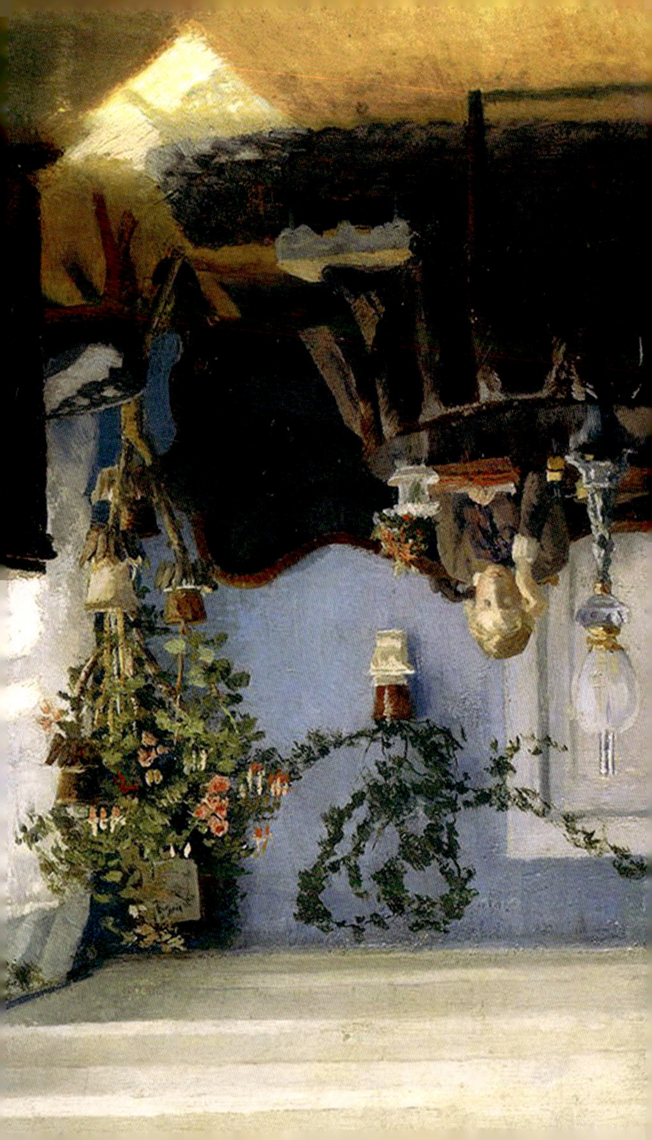

anderen Zeit zu kommen scheinen, stellte ich fest, dass ich meinem Vater wohl etwas abgeguckt habe.

Der Band weist in seinem Inneren ein paar graue Flecke auf, nicht wenige der dünnen Seiten sind eingerissen, überall am Rand finden sich Bleistiftnotizen.

In den fünfziger Jahren flohen wir Hals über Kopf aus der DDR, meinem Vater drohte die Verhaftung durch die Kommunisten. Von einem Tag auf den anderen verlor er alles, was ihm in den mehr als sechzig Jahren seines Lebens so wichtig geworden war. Vor allem seine Bücher.

Freunde haben später noch das eine oder

andere Buch im Koffer über die Grenze in die Bundesrepublik geschmuggelt – Bertha von Suttners Nobelpreisbuch gehörte dazu. *André und Ursula* auch.

Die Liebe zur Sprache, zu den Worten hat mir mein Vater vermittelt. Mit großer Hingabe, aber immer spielerisch, leichthin, selbstverständlich.

Nach dem Tod meines Vaters zog ich um, die Verbindung zur Literatur brach ab, im Haushalt meines Stiefvaters standen Bücher nicht im Regal sondern hinter Glas, gleich neben Gläsern und Kaffeeservice.

Noch heute empfinde ich es manchmal als Makel, dass ich nach diesem Ortswech-

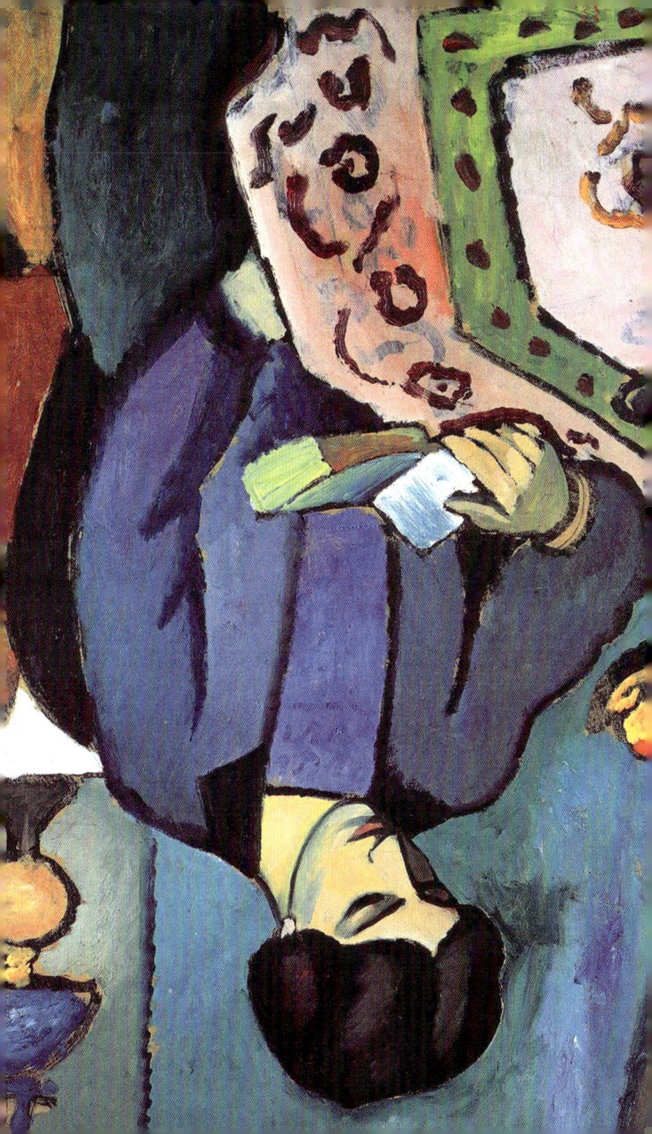

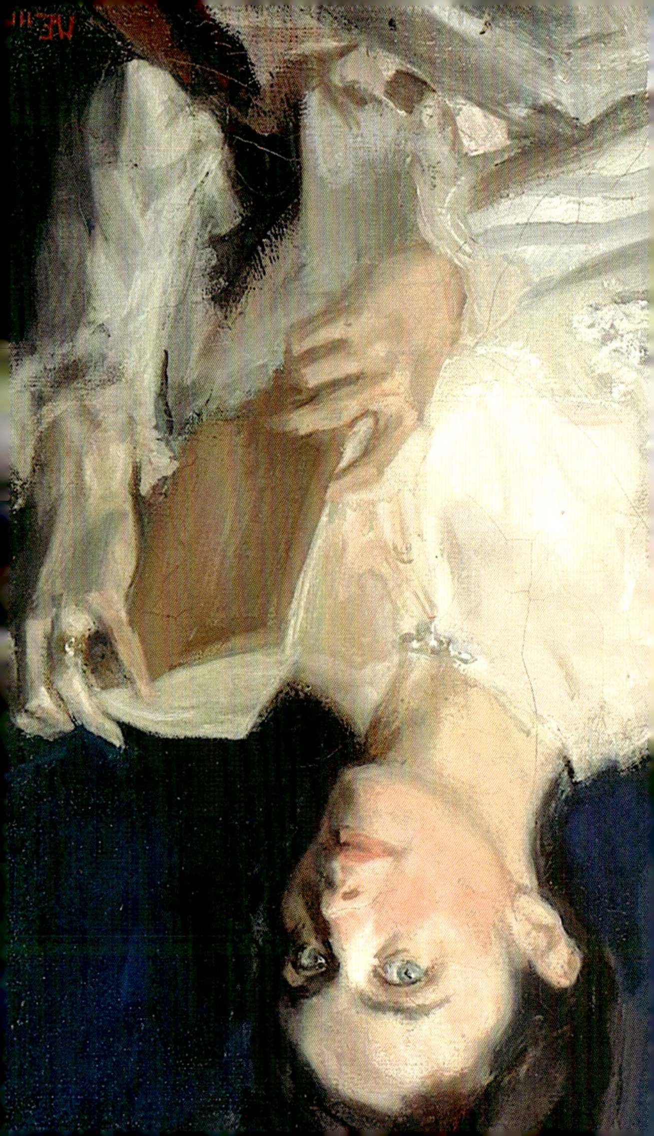

sel fast ohne Bücher groß geworden bin, ich spüre eine leichte Scham, weil ich das, was man gemeinhin gelesen haben sollte, nicht gelesen habe. Zugeben zu müssen, dass ich zwar einige, aber längst nicht alle Bücher aus dem Literaturkanon von Marcel Reich-Ranicki kenne. Ich habe ihn mir stolz gekauft, diesen Bildungsbürgernachweis, entschlossen, nachzuholen, was ich versäumt hatte. Aber andere Bücher drängten sich dazwischen, Bücher, die ich ohne Empfehlung entdeckt hatte und lesenwert(er) fand.

Muss man gelesen haben, was kluge, angesehene, gebildete Menschen für wichtig, richtig, für bedeutend halten?

Manchmal denke ich,
der Himmel besteht aus
ununterbrochenem, niemals
ermüdendem Lesen.

VIRGINIA WOOLF

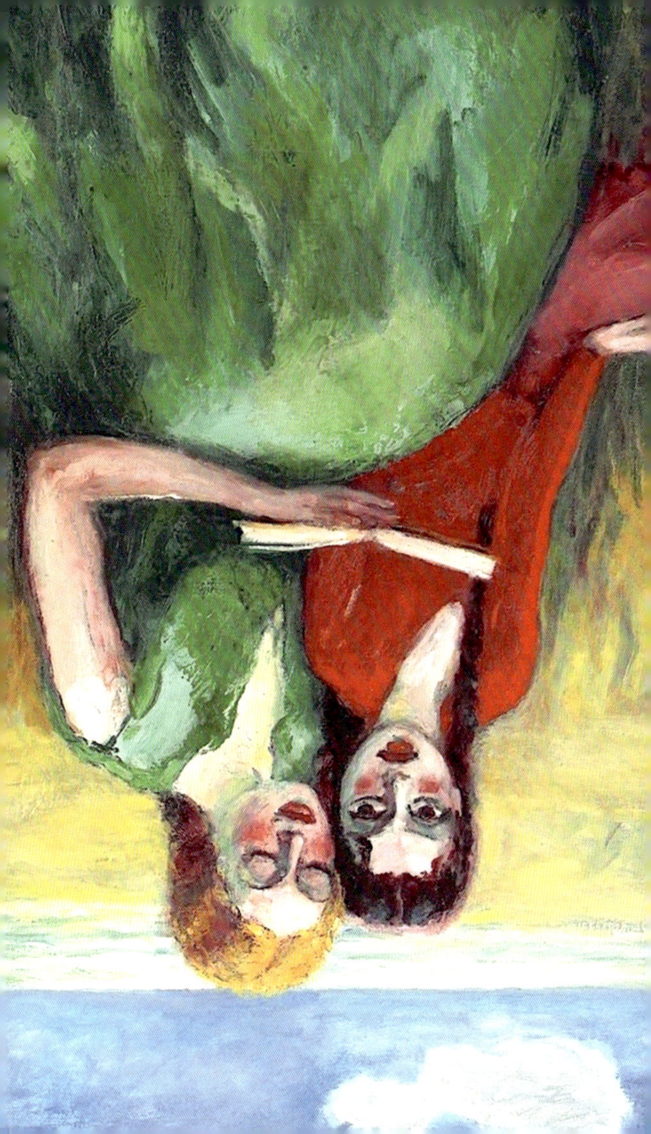

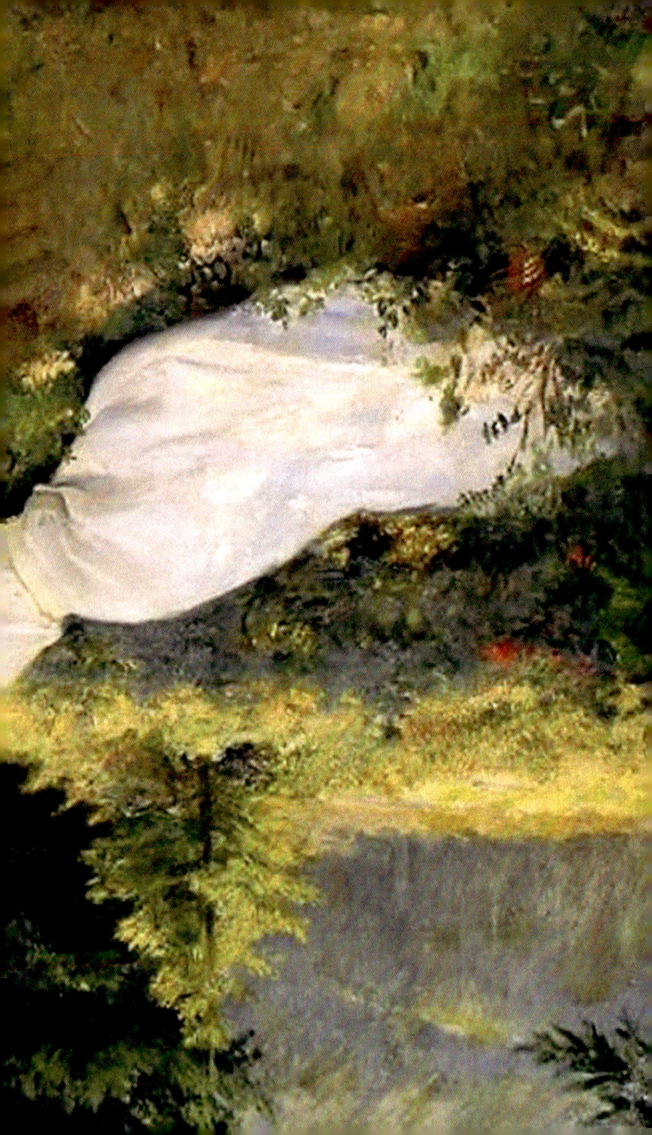

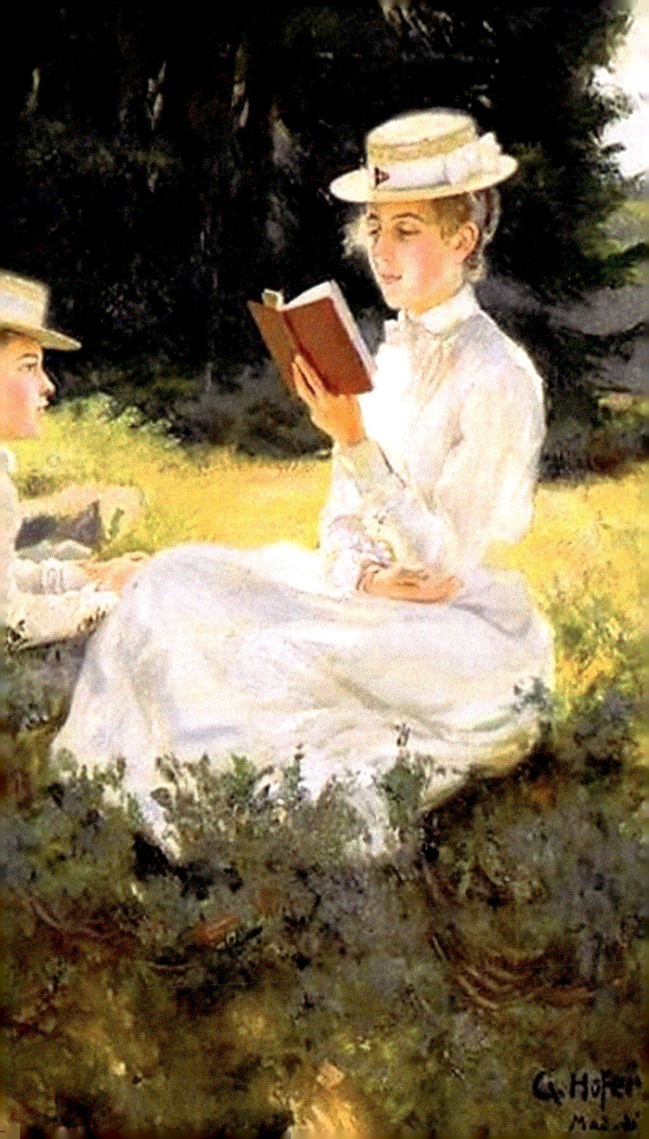
G. Hofer

Ich weiß es nicht, aber ich wüsste gern, wie so ein Literaturkanon aussähe, hätte ihn eine Frau zusammengestellt.

Vielleicht lesen Frauen anders. Auf jeden Fall lesen sie mehr.

Eine Frau liest pro Jahr fünf Bücher. Männer anderthalb, wenn überhaupt. Woraus die Statistik, warum auch immer, messerscharf schließt, dass in einer Wohnung ohne Bücher nur ein alleinstehender Mann wohnen kann.

Männer lesen, um informiert zu sein. Deshalb finden sie Sachbücher praktisch, weil man häppchenweise darin lesen kann,

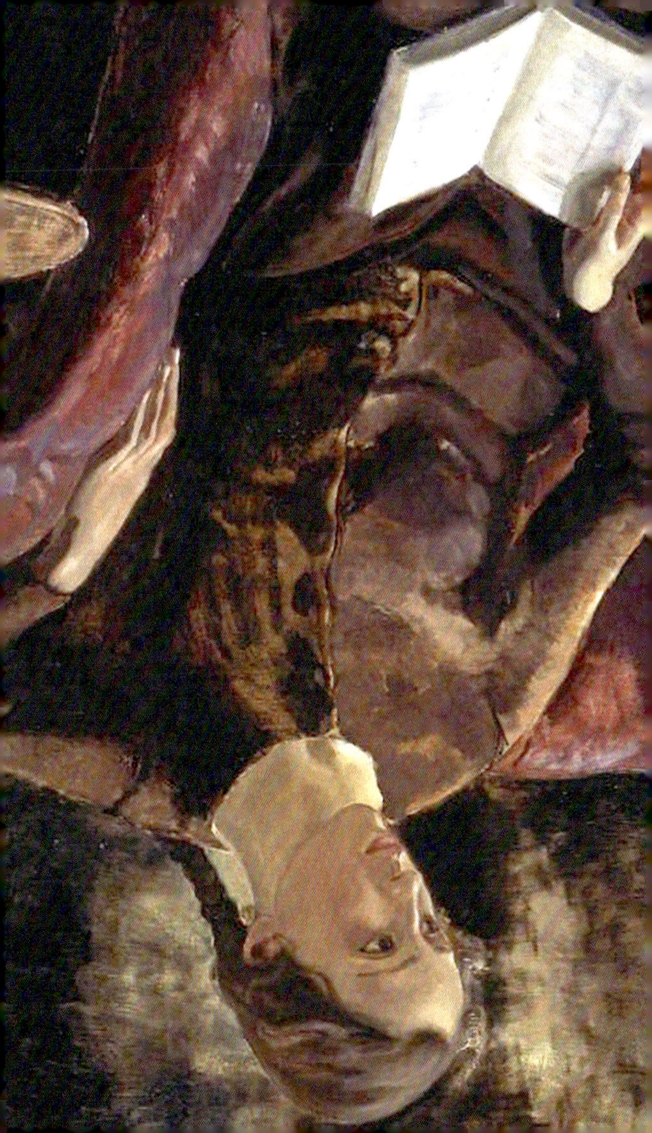

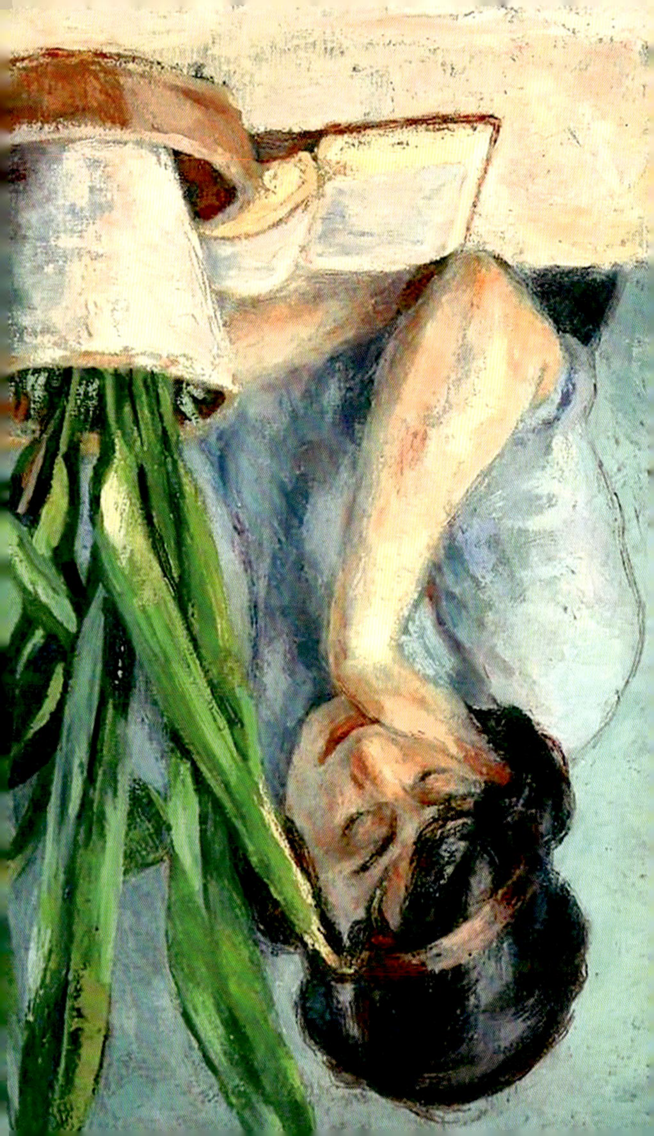

zu lange bei einem Buch zu verweilen strengt sie eher an.

Männer halten sich gern an Fakten, beim Lesen gehen sie mit ihrer Phantasie längst nicht so großzügig um, wie Frauen das gern tun.

Aber vielleicht ist das auch nur reine Theorie, während es im richtigen Leben durchaus Beispiele gibt, die dem Statistikkram widersprechen.

Vor ein paar Wochen bekam ich eine Postkarte. Darauf eine junge Frau, die einen Telefonhörer dicht ans Ohr gepresst hält. Man sieht ihr Freude und Glückseligkeit sofort an. Und wie um diesen Eindruck noch zu bestätigen, schwebt über ihr eine Sprechblase mit den Worten: »Stell Dir vor, Mama, er liest!«

Frauen und ihre Bücher. In einigen der Bilder in diesem Buch fühle ich mich sehr zu Hause, finde ich mich vollends wieder. Eines heißt *Der Sonntagmorgen*, Gillian Furlong hat es gemalt.

Der Sonntag, Synonym für die stille Freude, dass dieser Tag womöglich unverplant vor einem liegt und man sich schon am frühen Morgen mit einem Buch verabreden kann. Die Schriftstellerin Kathleen Norris hat ihre Leselust einmal so ausgedrückt:

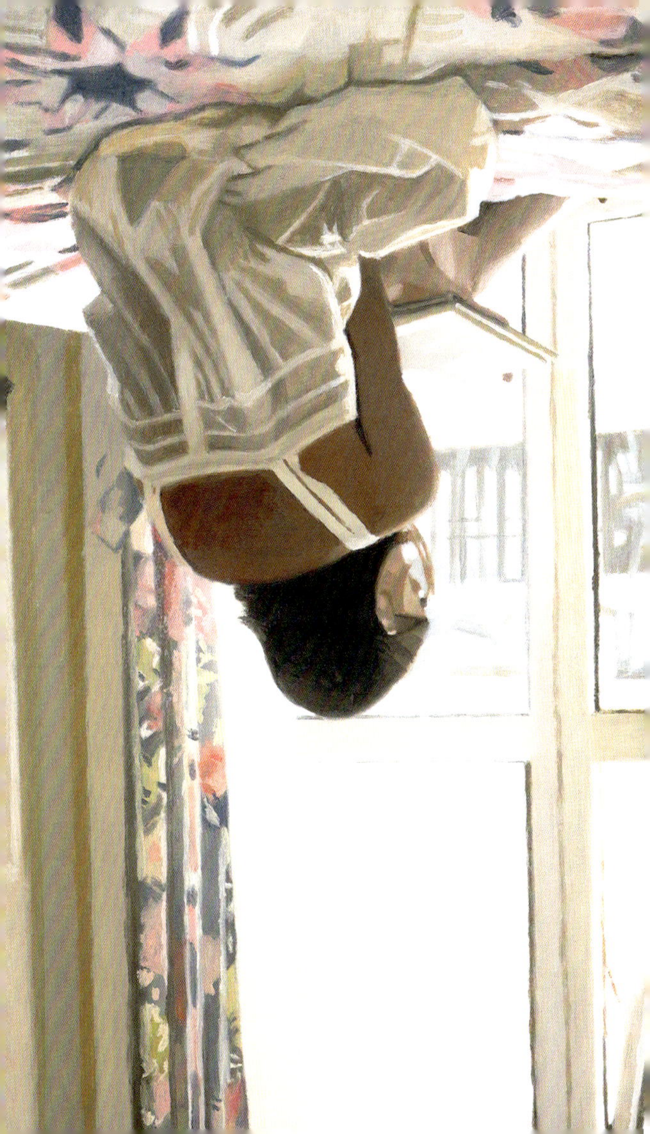

»Zu wissen, dass am Ende eines langen Tages ein gutes Buch auf einen wartet, macht den Tag fröhlicher.«

Das mag ich gern bestätigen, und auch ergänzen: Mit dem Wissen ins Bett zu gehen, am nächsten Morgen neben einem Buch aufzuwachen, dessen erste Seiten mich Stunden zuvor in ihren Bann gezogen haben, lässt mich fröhlich einschlafen.

Eines meiner Lieblingsbilder in diesem Buch ist das Gemälde *Beim Frühstück* von dem schwedischen Maler Laurits Andersen Ring. Lange und ausgiebig Bücher oder Zeitungen zu lesen und zu frühstücken, kommt meiner

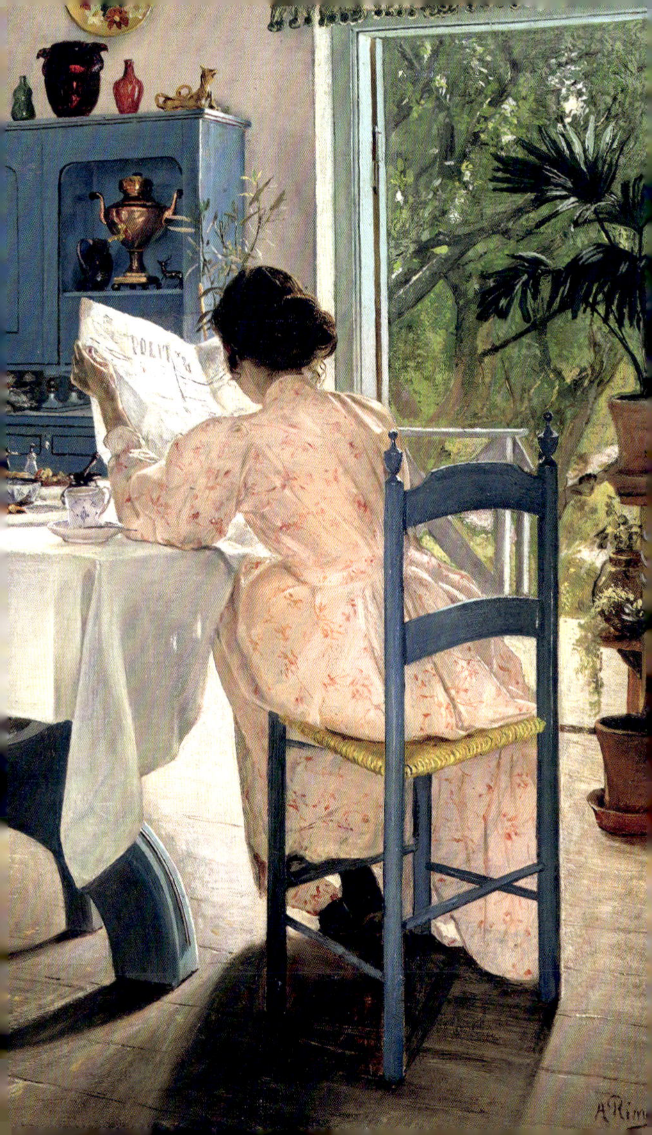

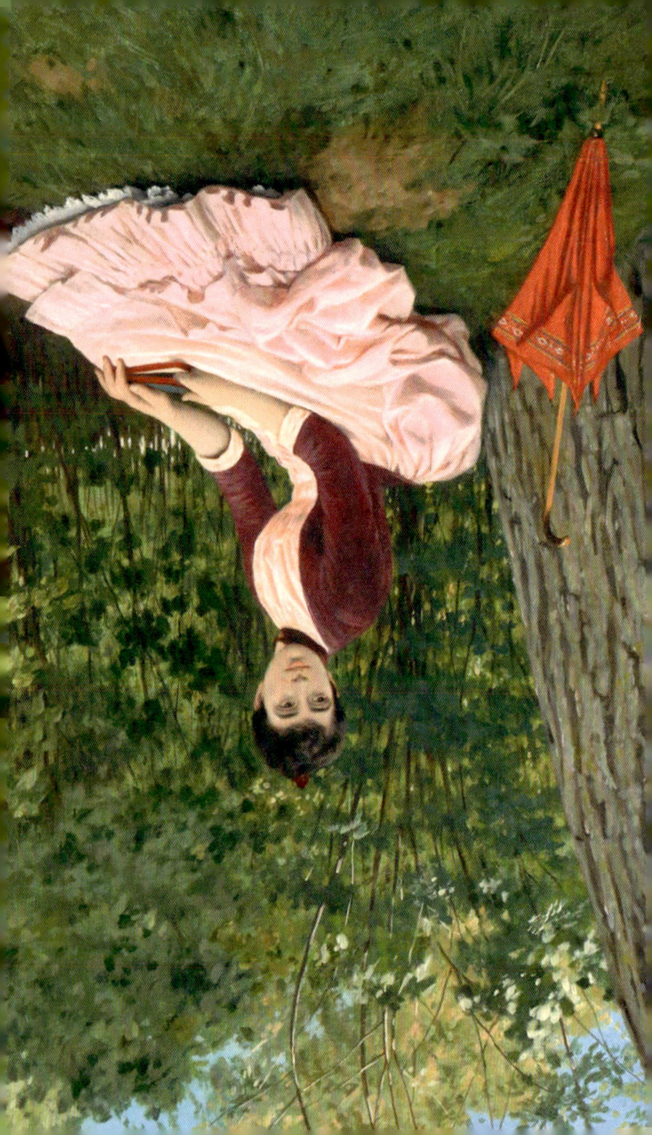

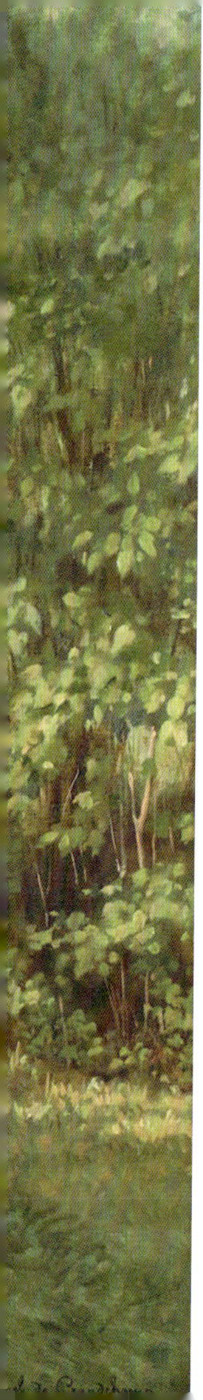

Idealvorstellung von einem perfekten Tagesbeginn sehr nahe. Und eigentlich fehlt mir in meinem Leben auch nicht viel zu diesem Glück.

Höchstens der Blick in einen herrlichen Garten und das feine, seidenweiche Kleid der Leserin.

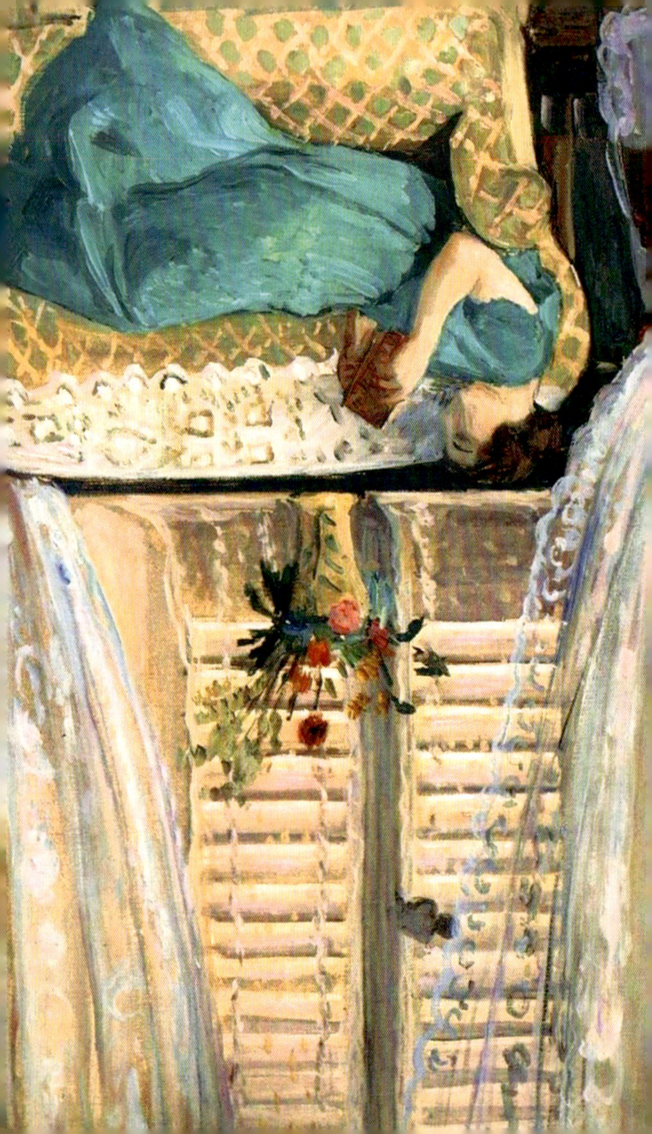

Als ich acht war, entschied
ich für mich, dass das
wunderbarste Ding
nach einem menschlichen
Wesen ein Buch war.

MARGARET WALKER

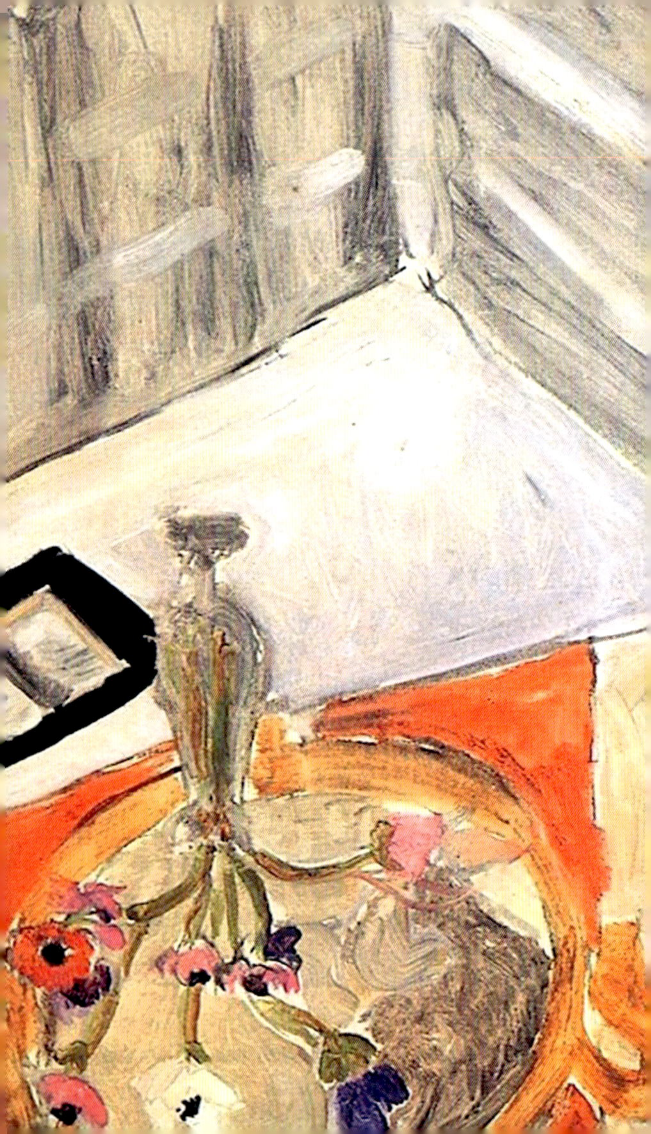

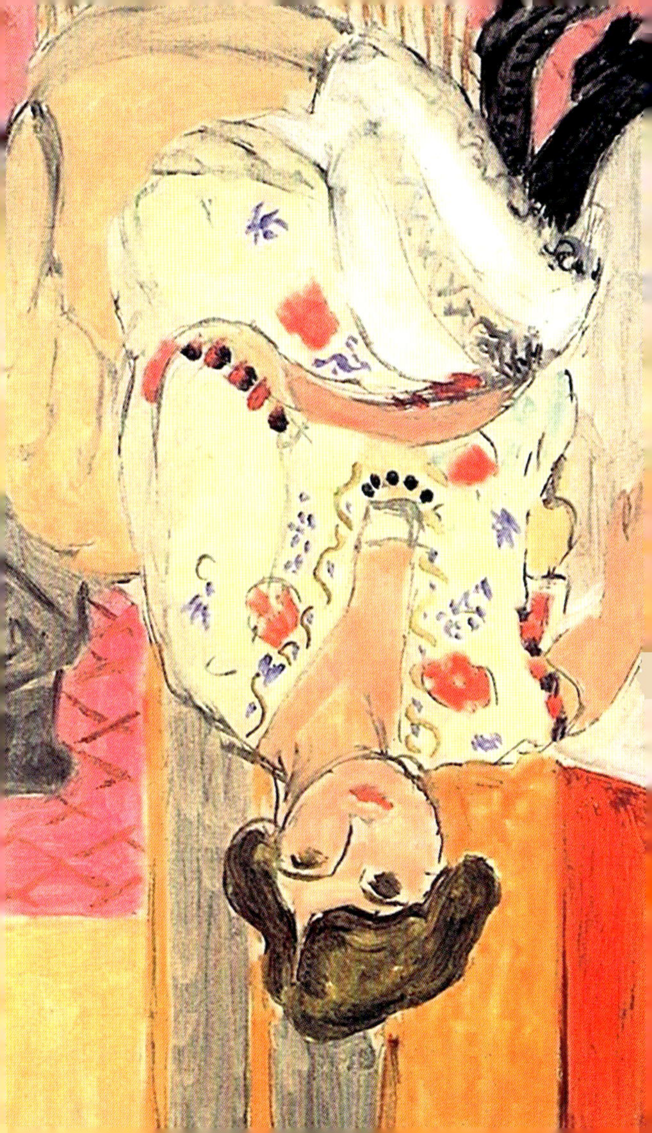

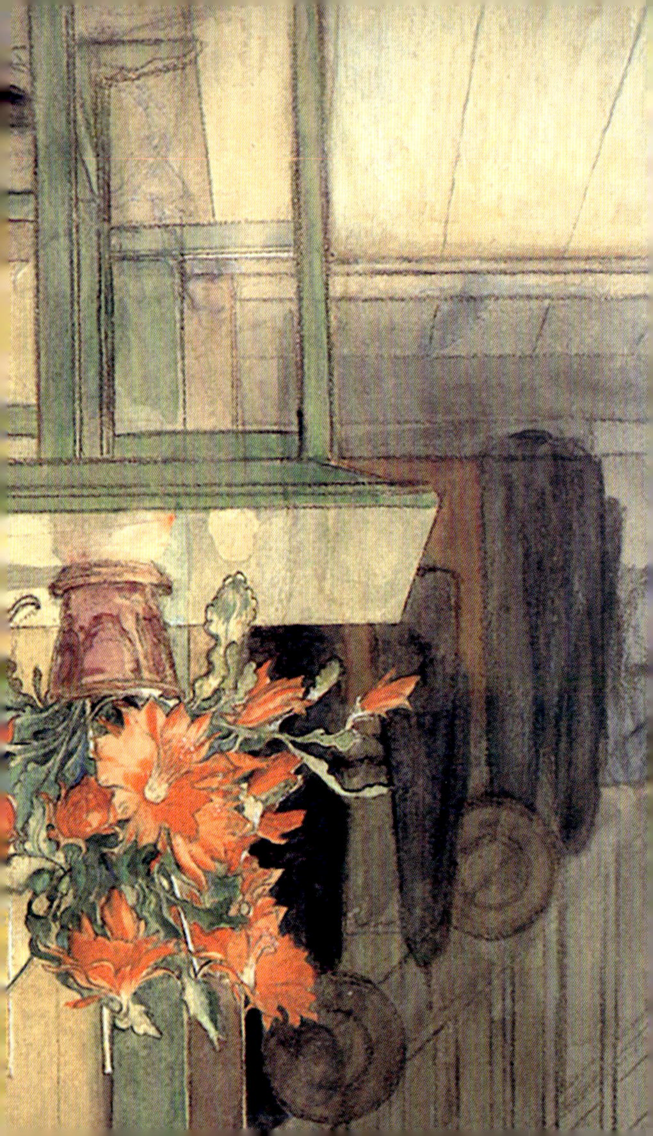

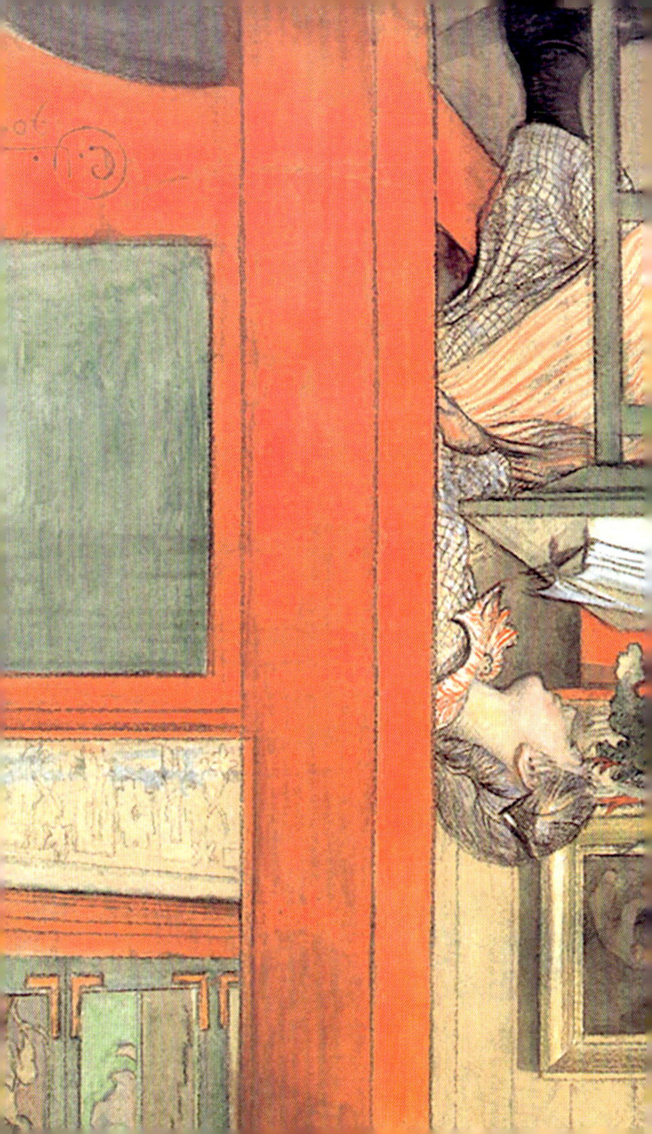

Lesen war das
Eintauchen
in parallele Welten,
Lesen war Nicht-Alltag,
war Sucht und
Flucht vor Mühe
und Langeweile.

SILVIA BOVENSCHEN

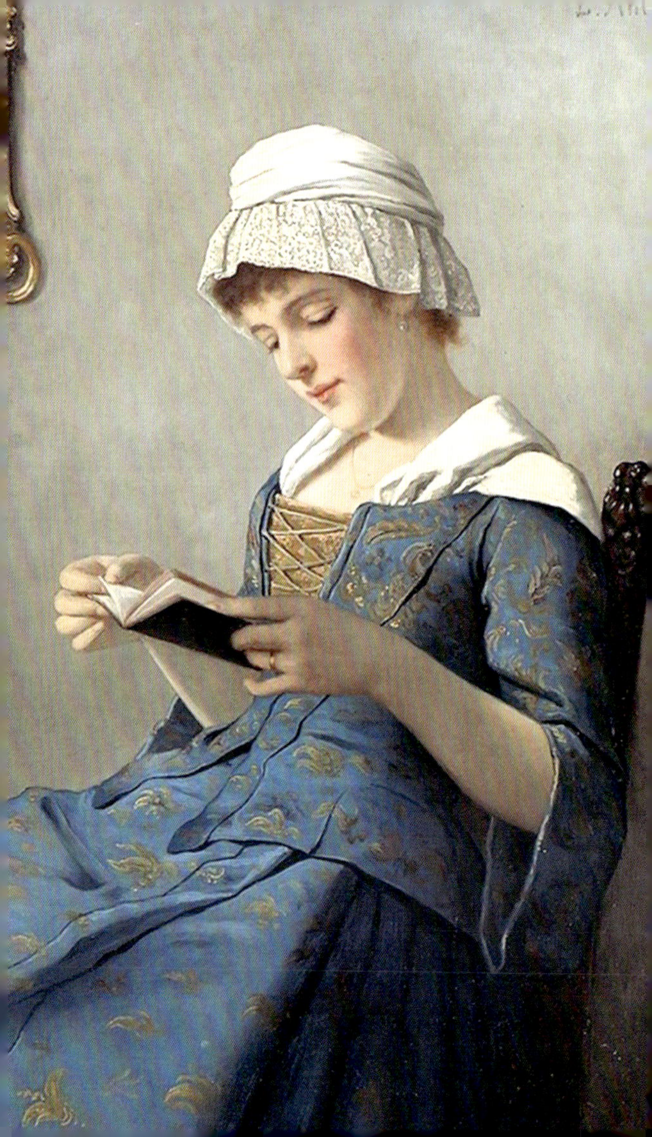

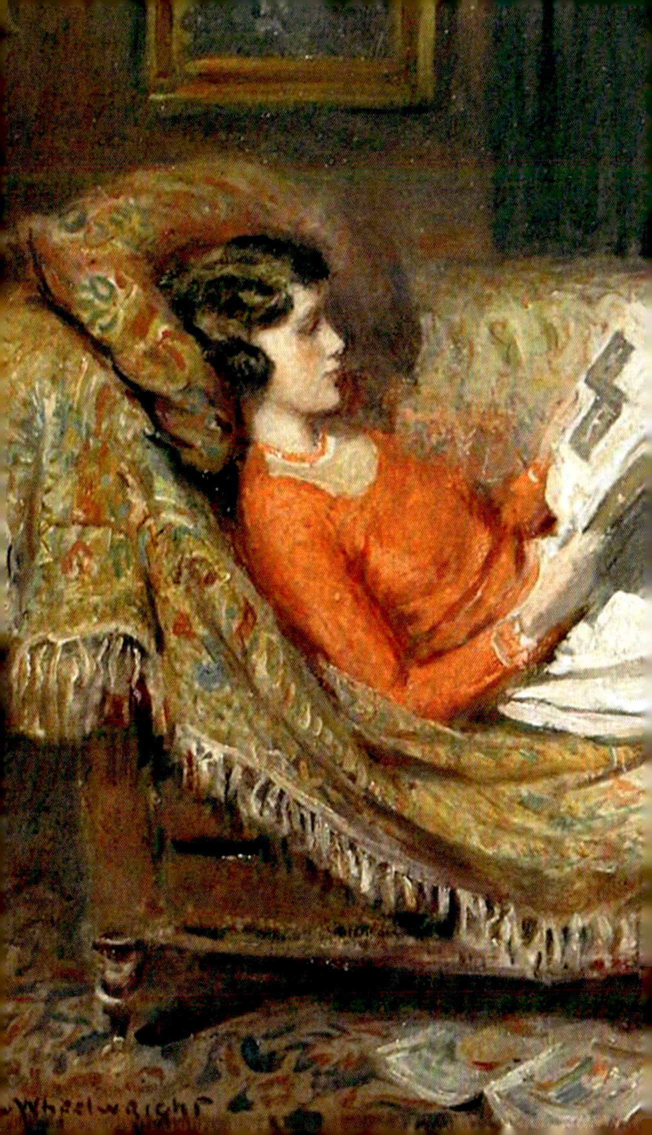

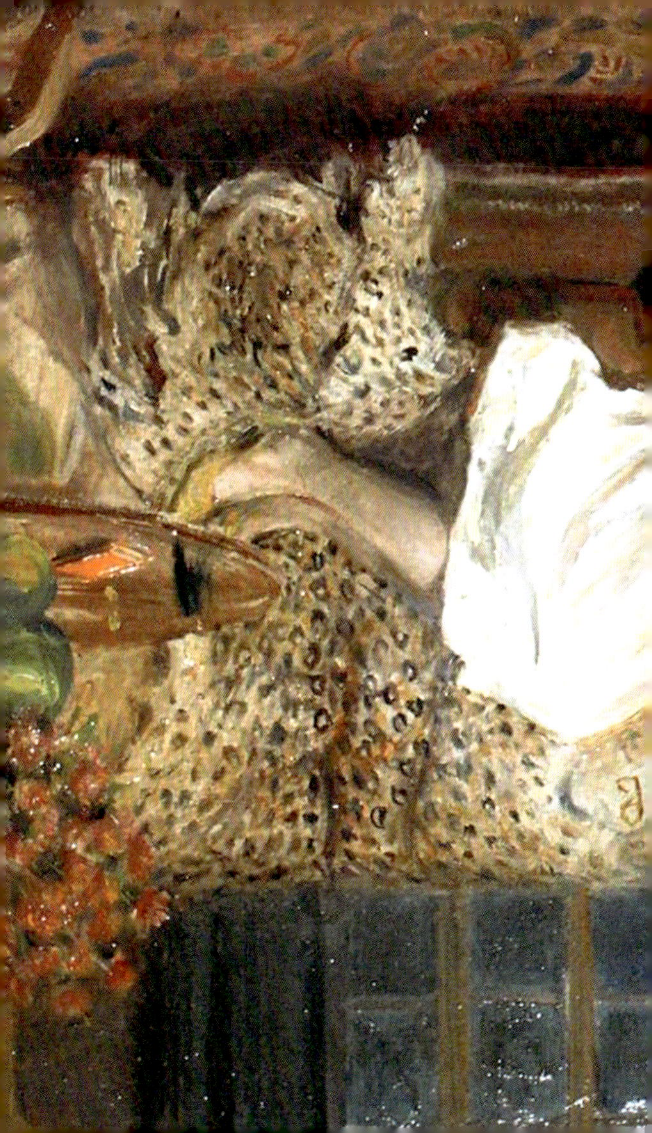

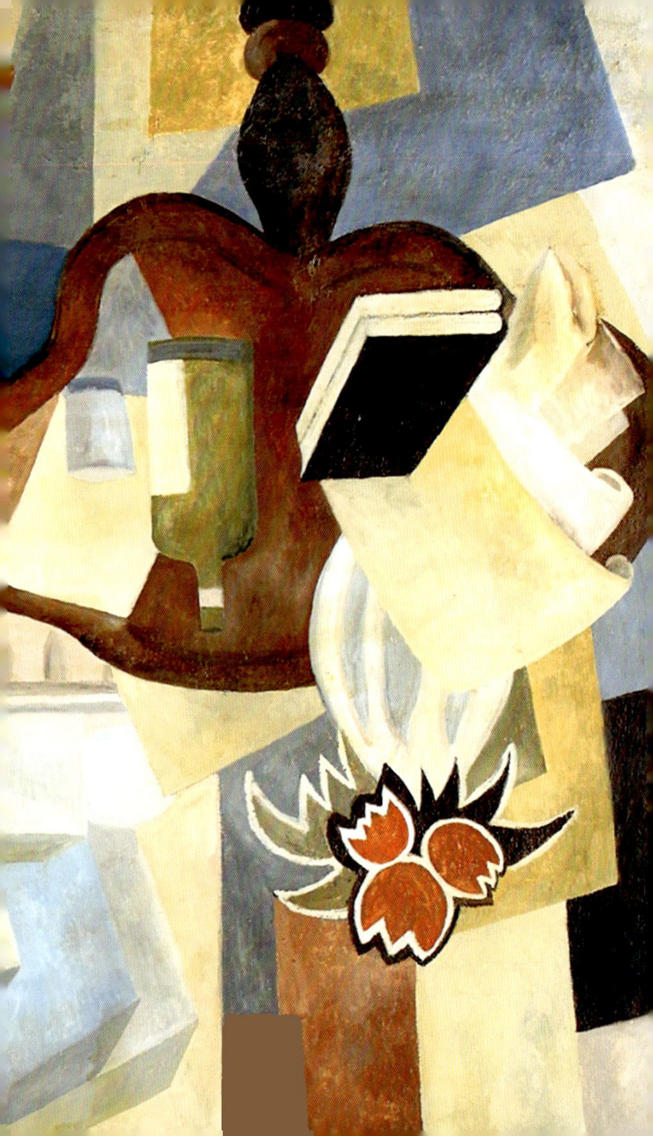

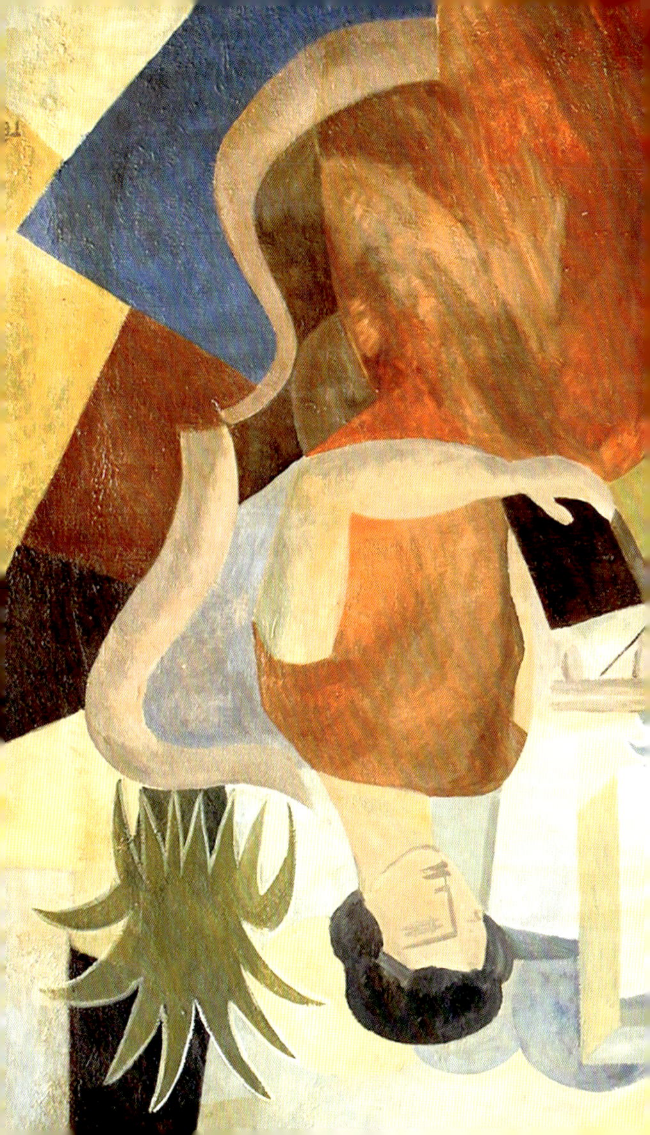

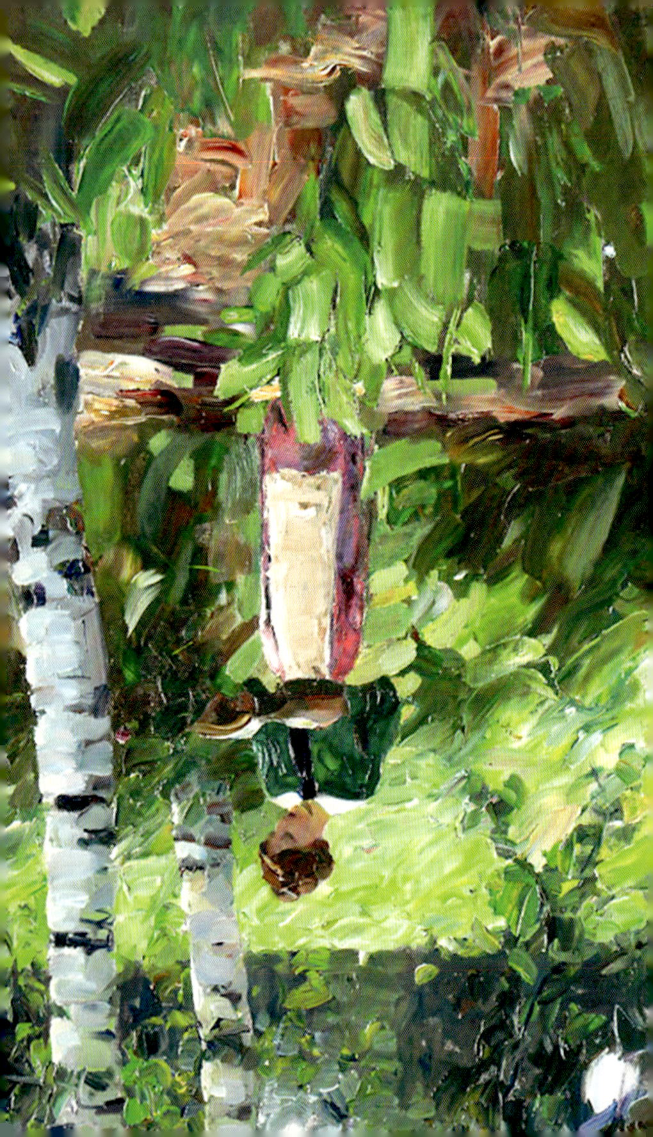

Beim **Lesen**
habe ich das Gefühl,
ich gewinne Zeit, Lebenszeit,
Aufmerksamkeit,
Konzentration, Anregung,
Bilder, Erfahrungen.

JULIA FRANCK

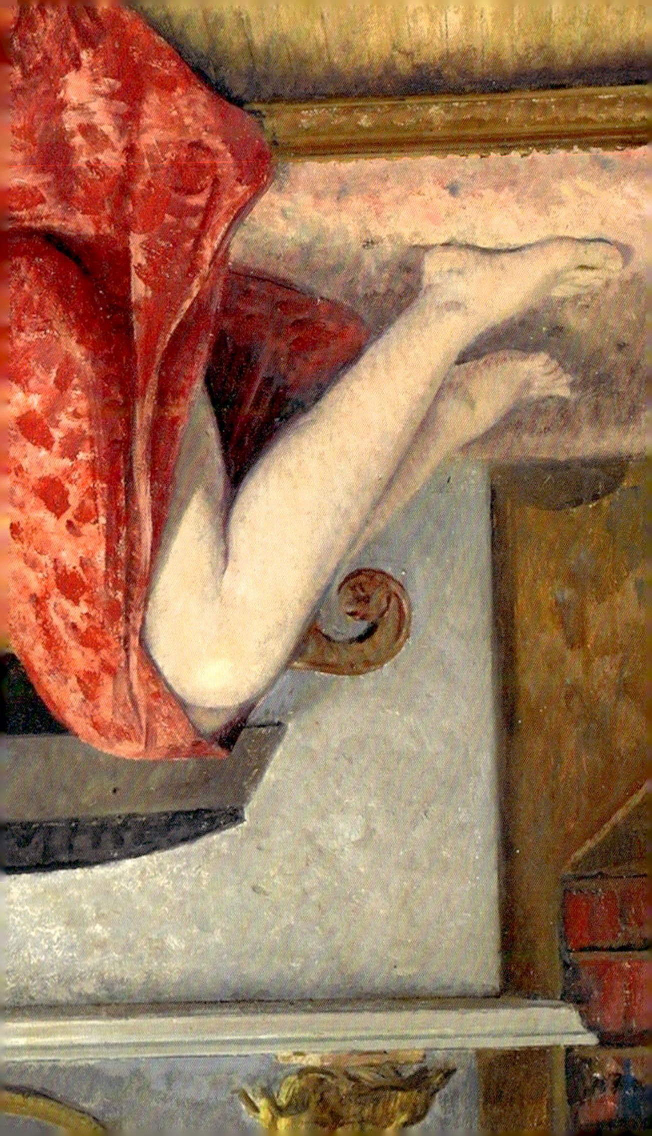

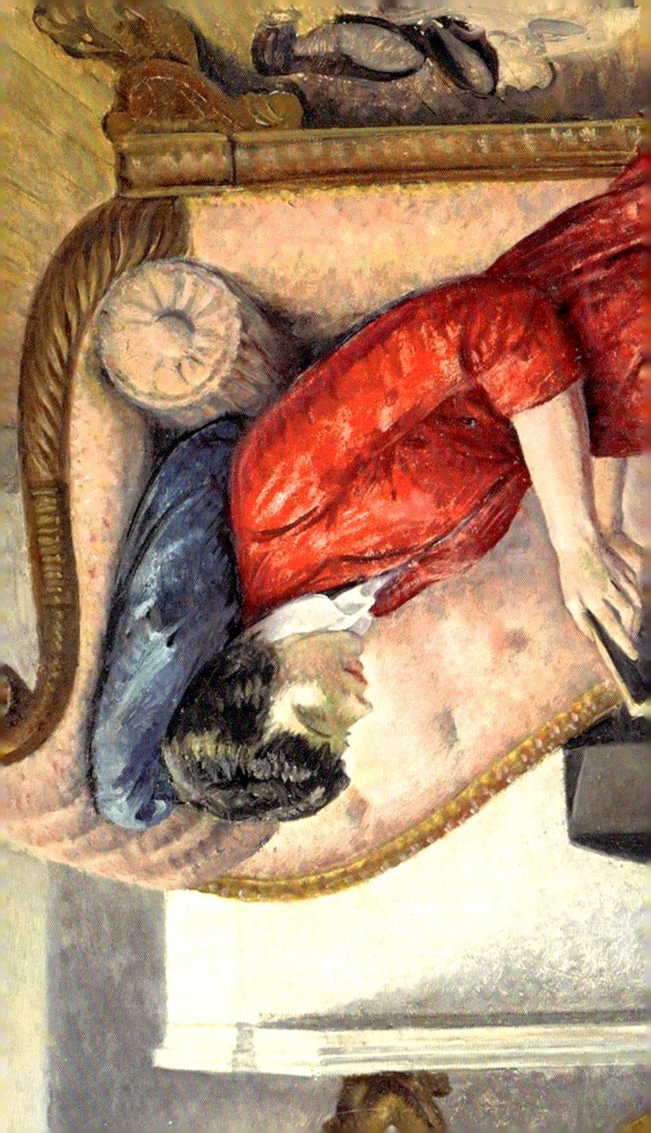

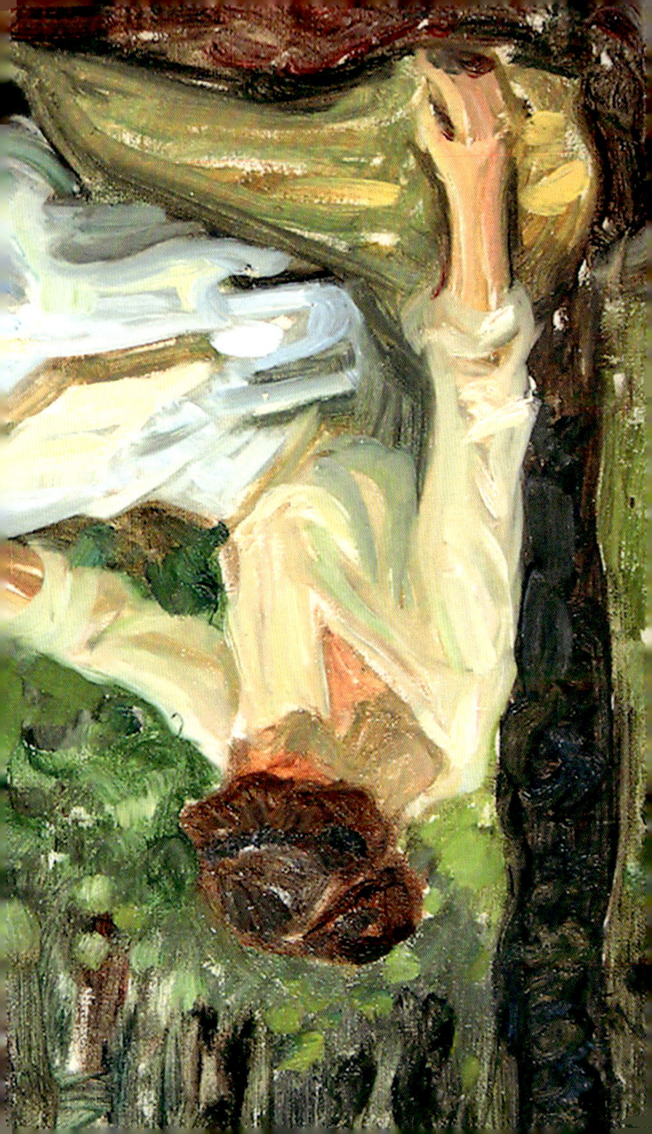

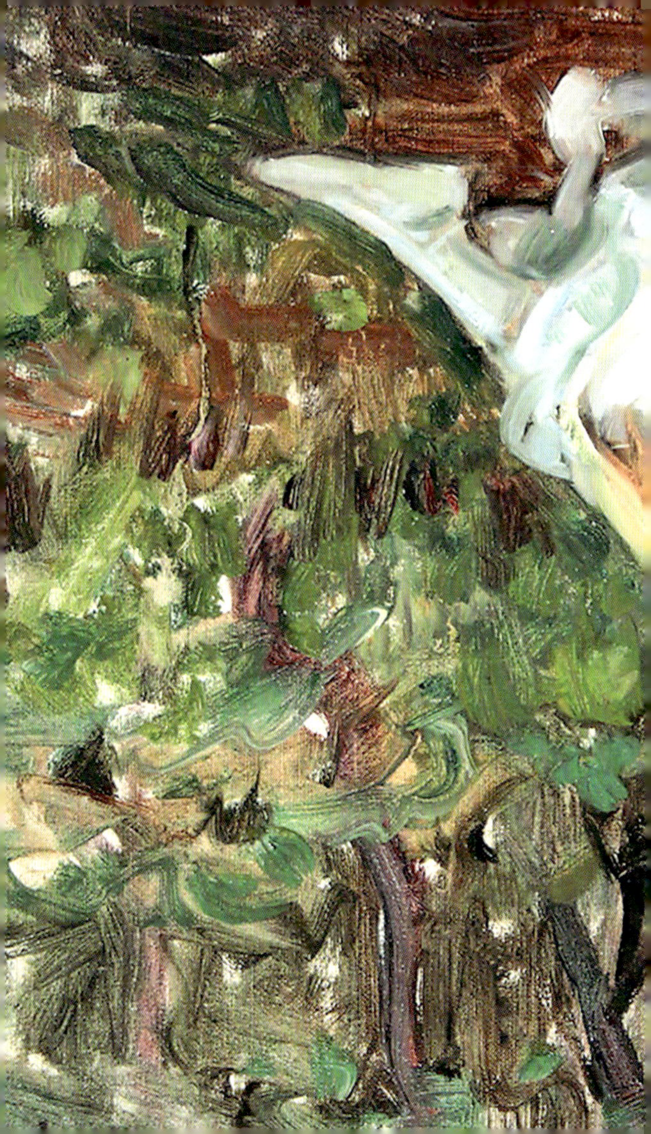

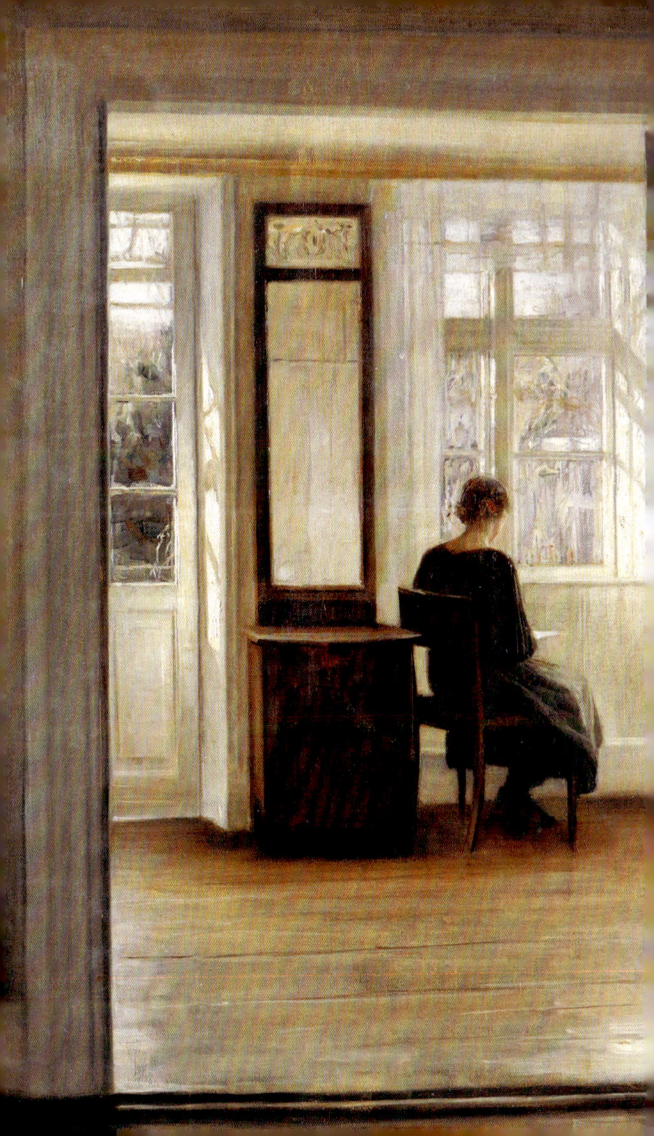

Lesen, ein Buch lesen –
für mich das Erforschen
eines Universums.

MARGUERITE DURAS

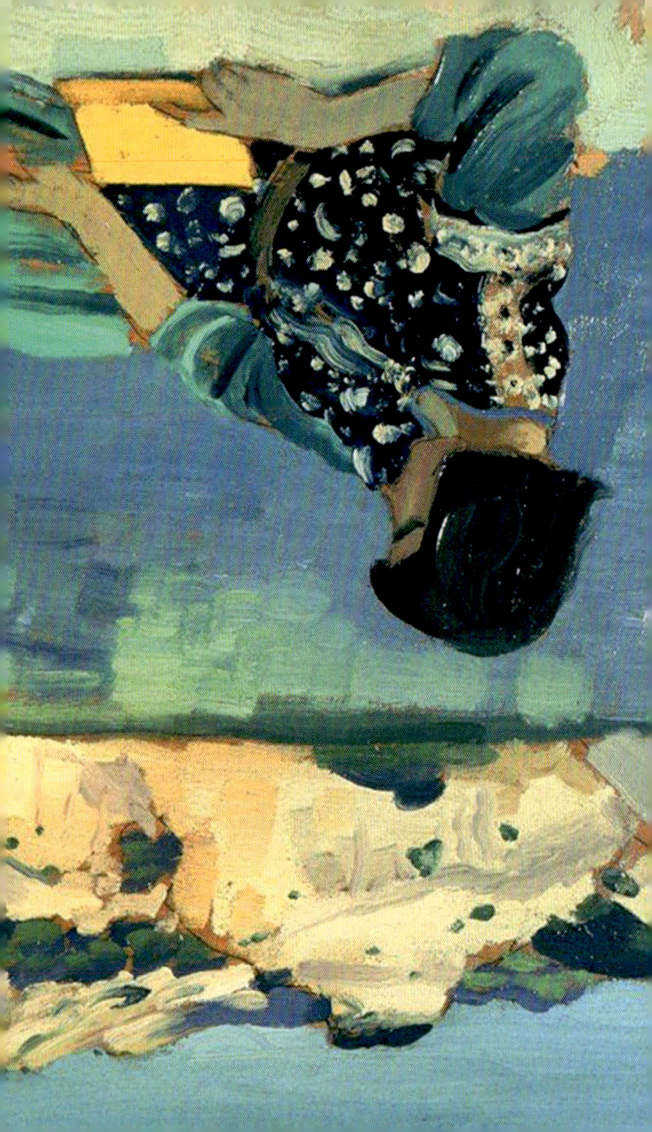

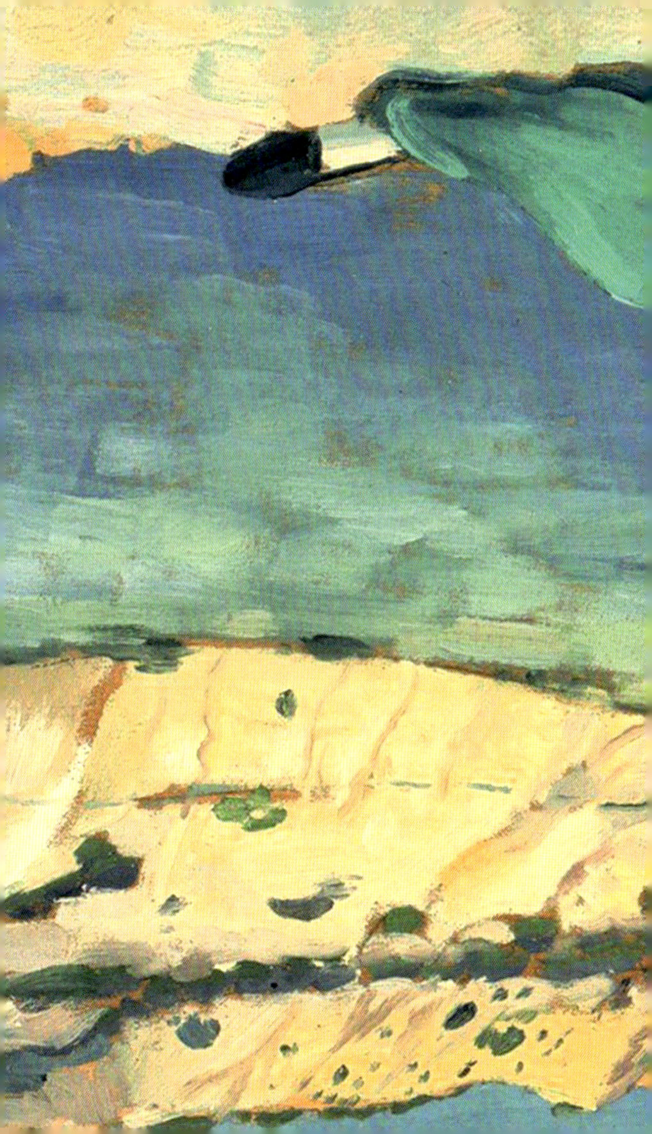

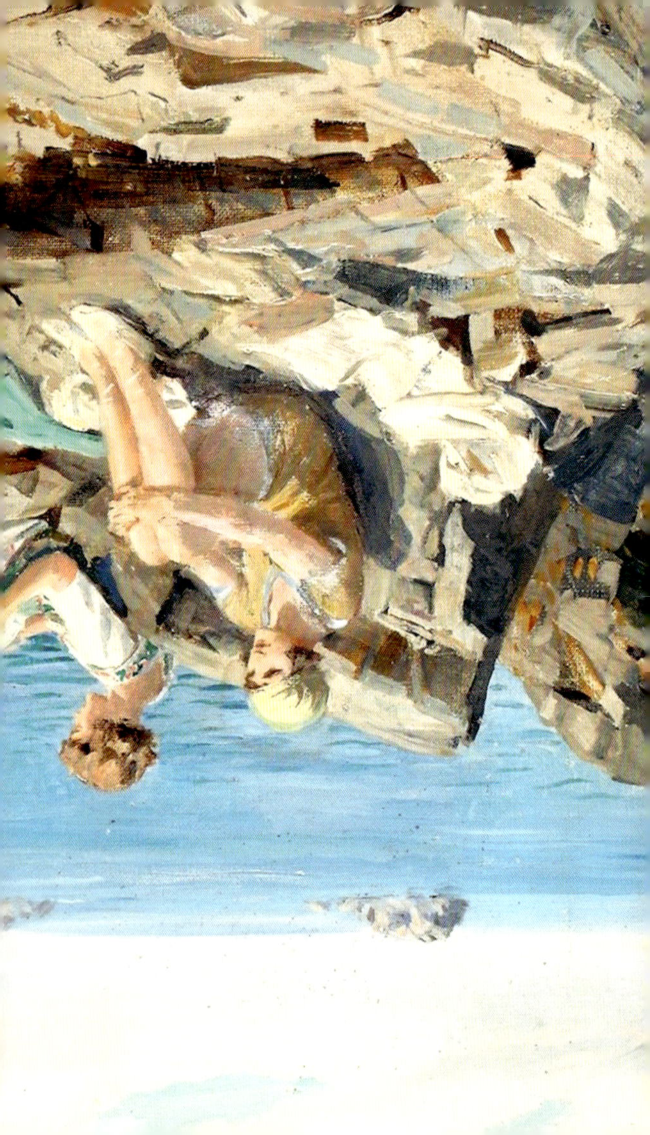

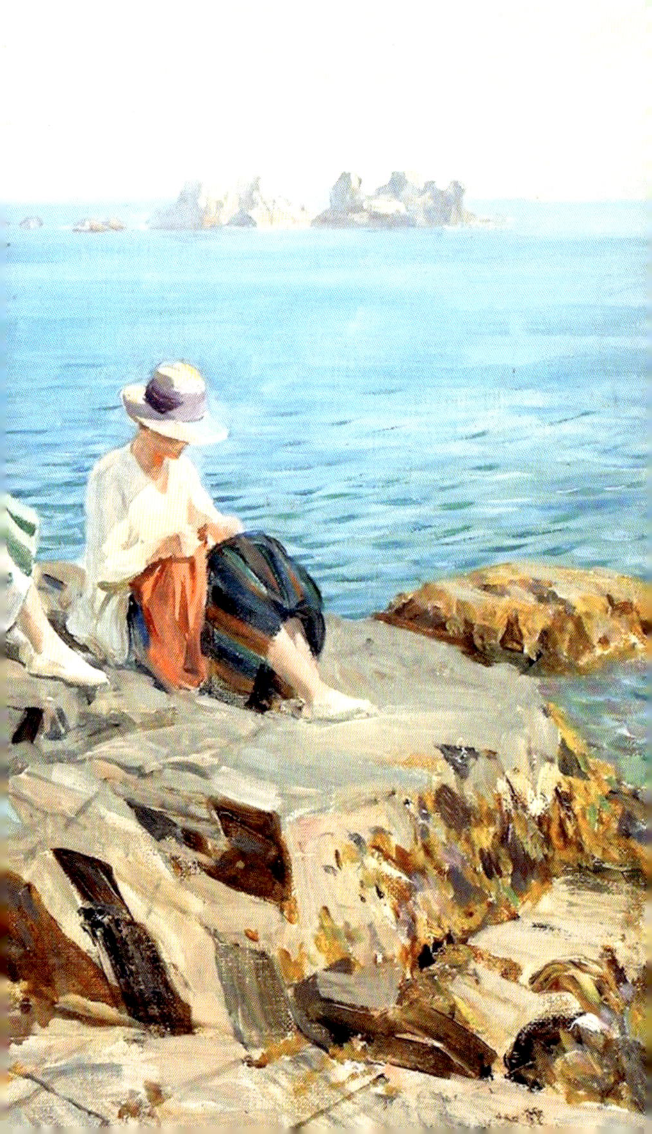

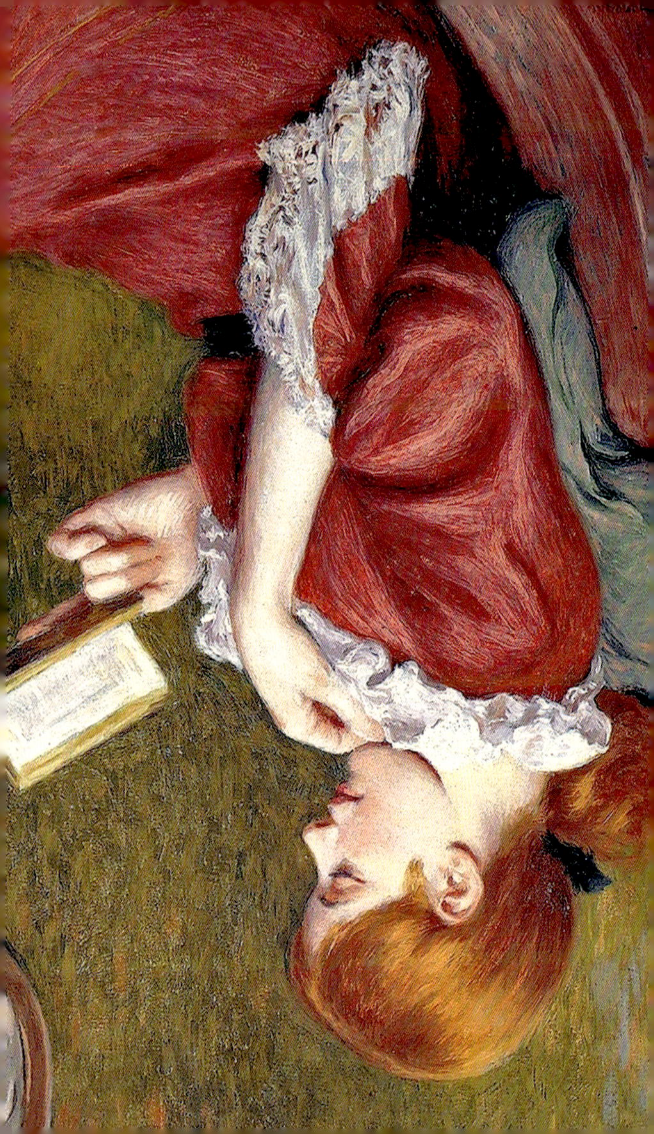

Literatur ist der
Schwindel, der uns
die Wahrheit sagt.

DOROTHY ALLISON

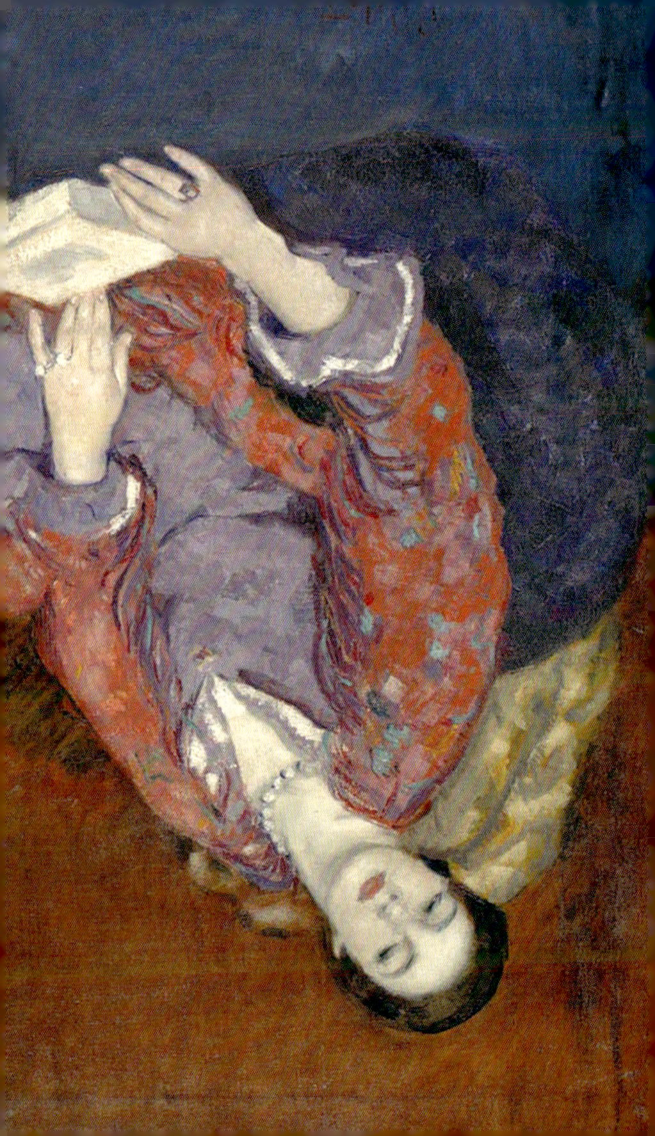

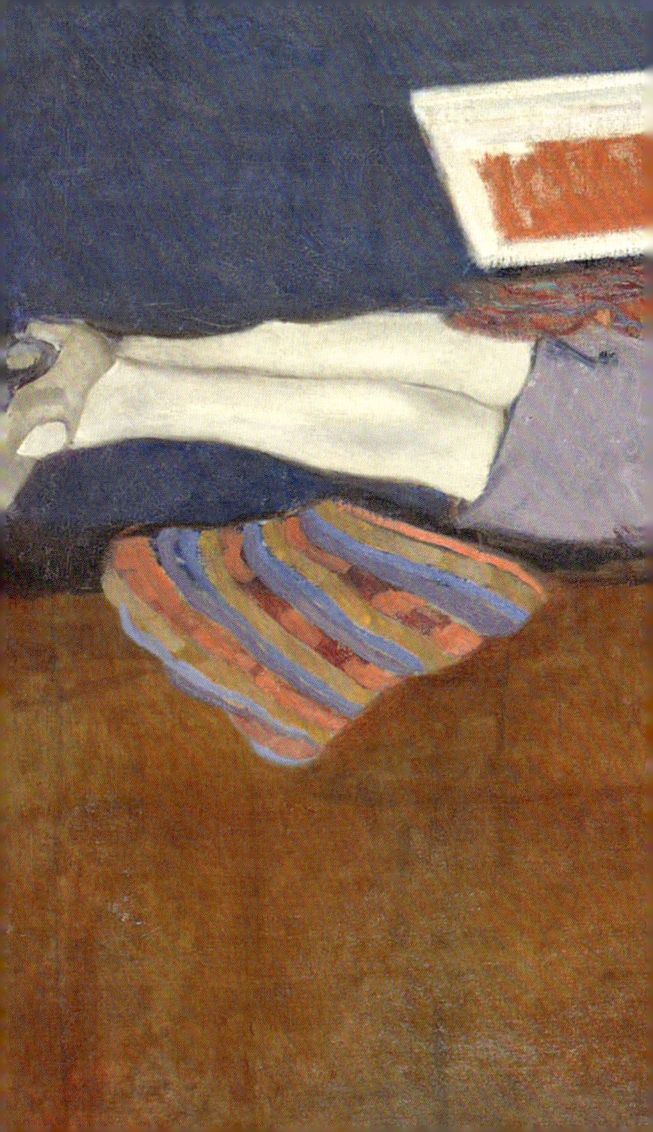

ES GIBT
KEINE BILLIGERE
UNTERHALTUNG
ALS LESEN UND
KEIN VERGNÜGEN,
DAS LÄNGER
ANHÄLT.

LADY MARY WORTLEY MONTAGUE

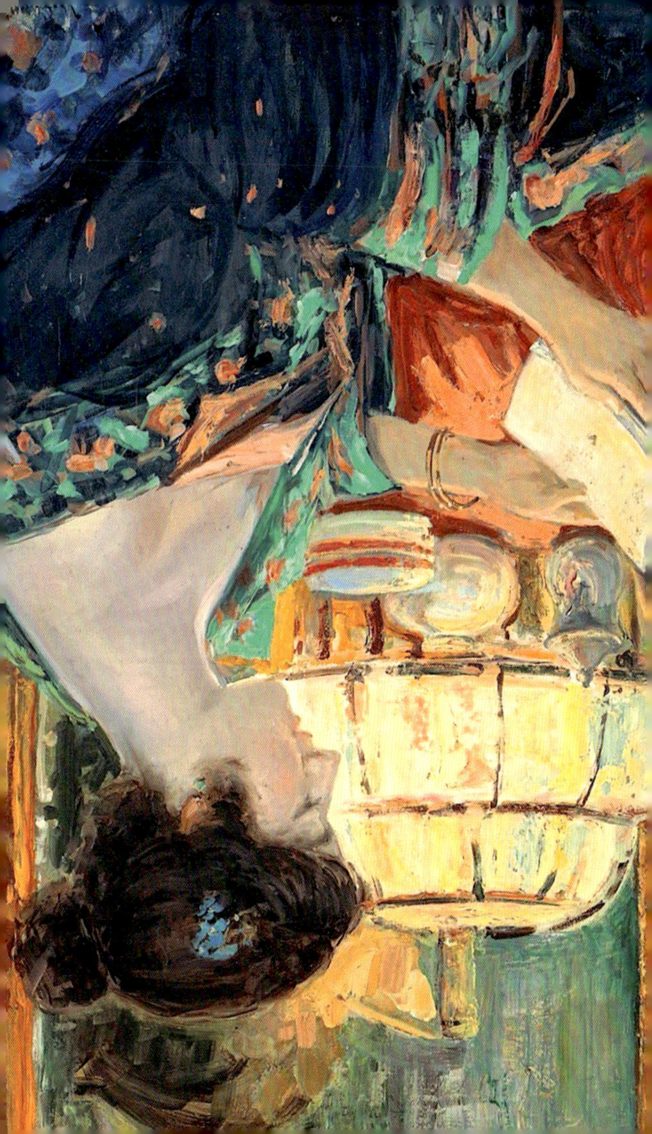

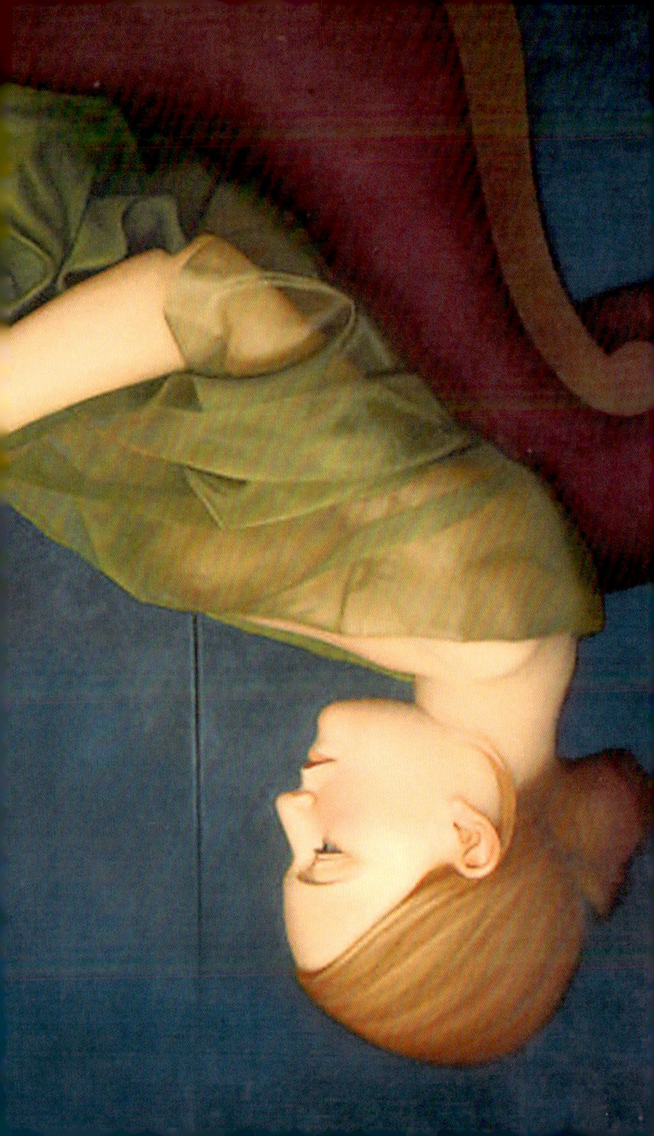

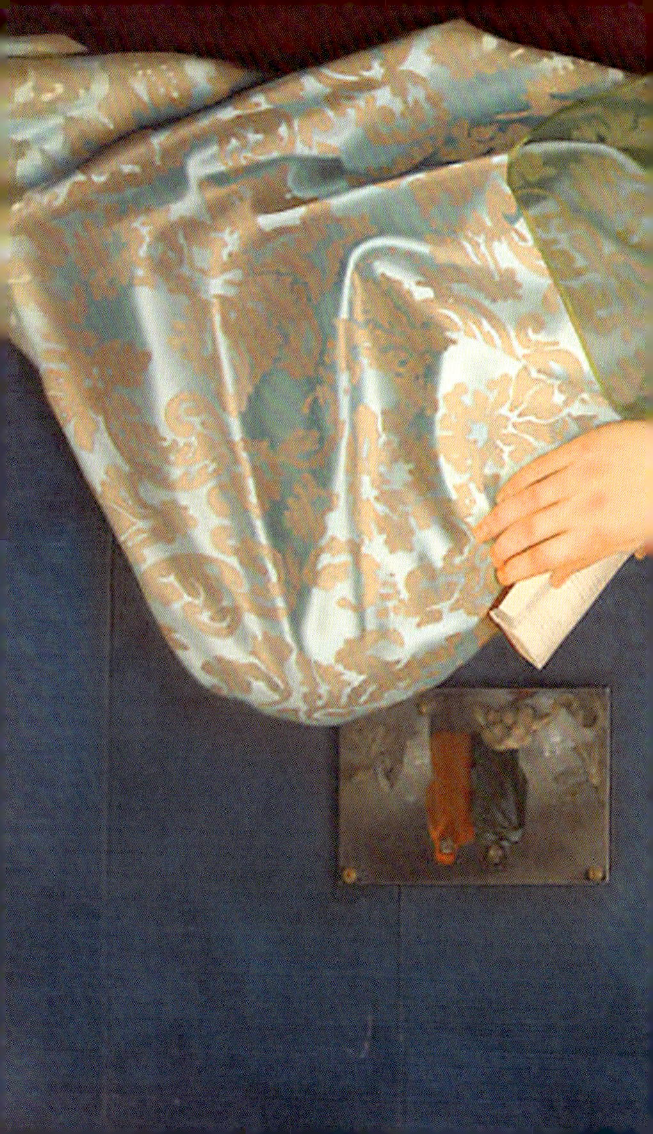

ES IST EIN GLÜCK ZU LESEN!

ELKE HEIDENREICH

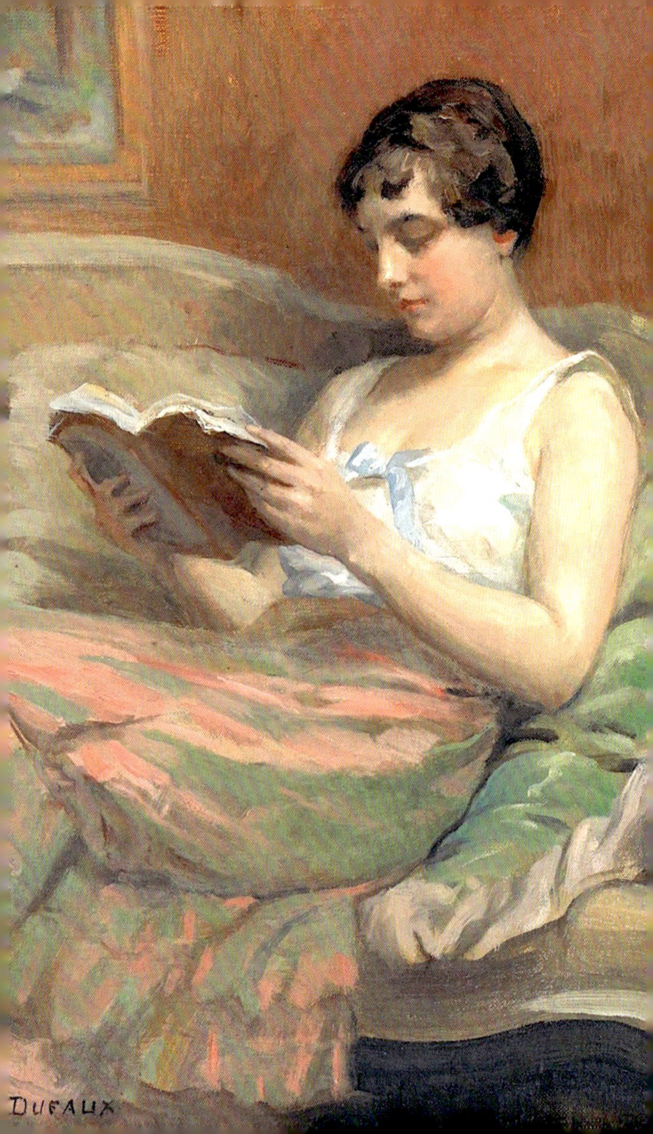
DUFAUX

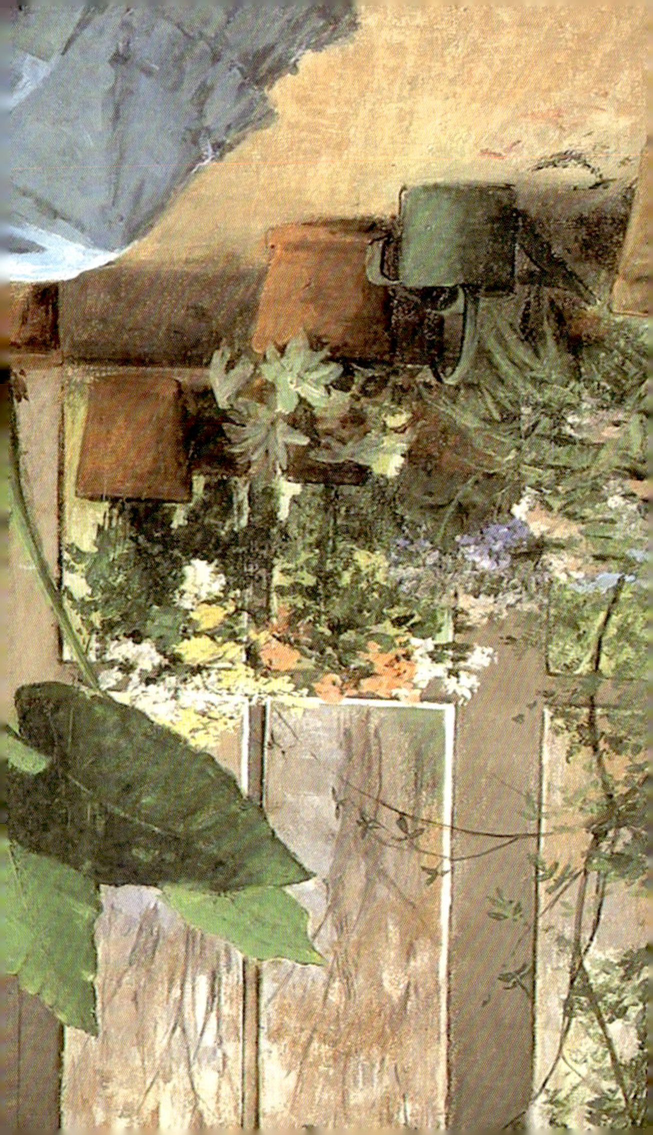

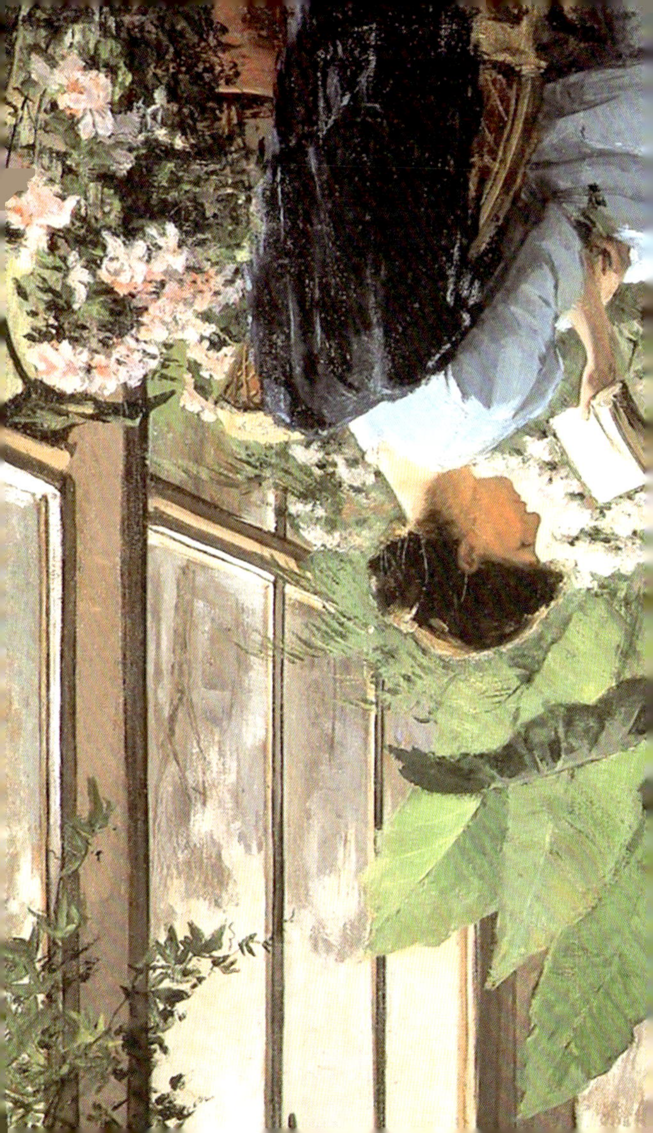

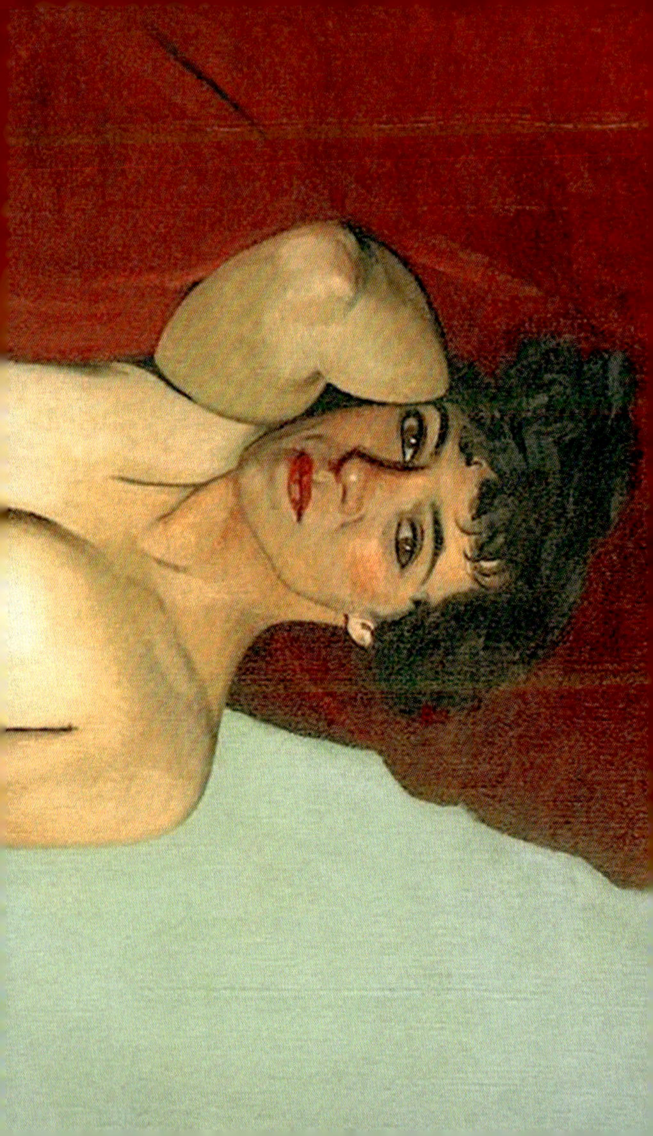

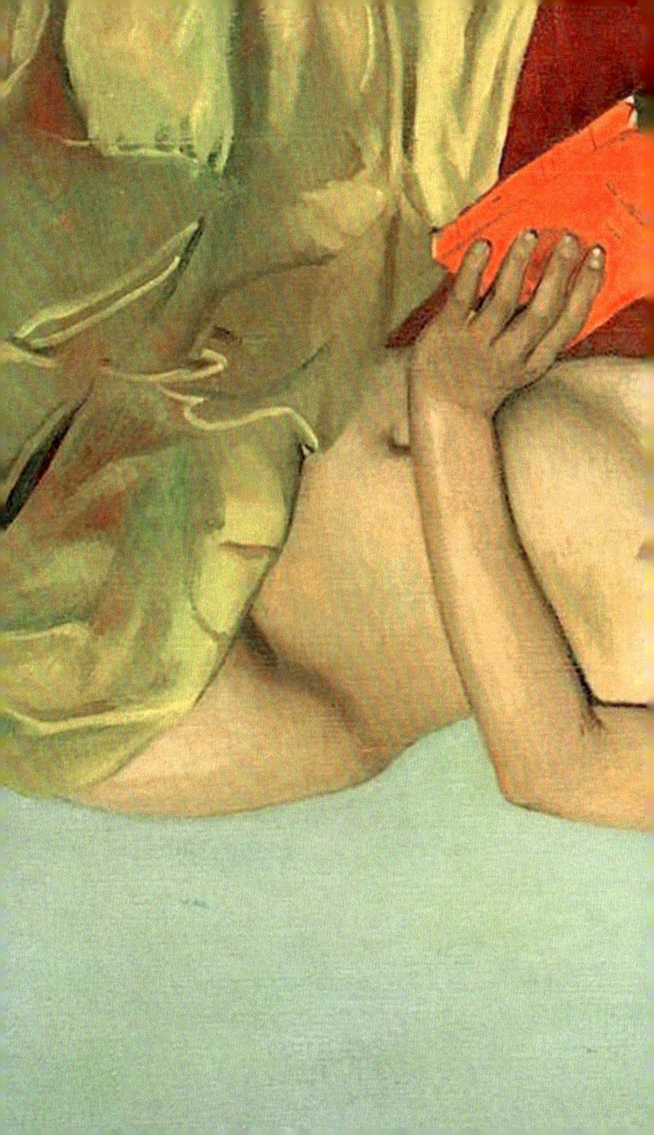

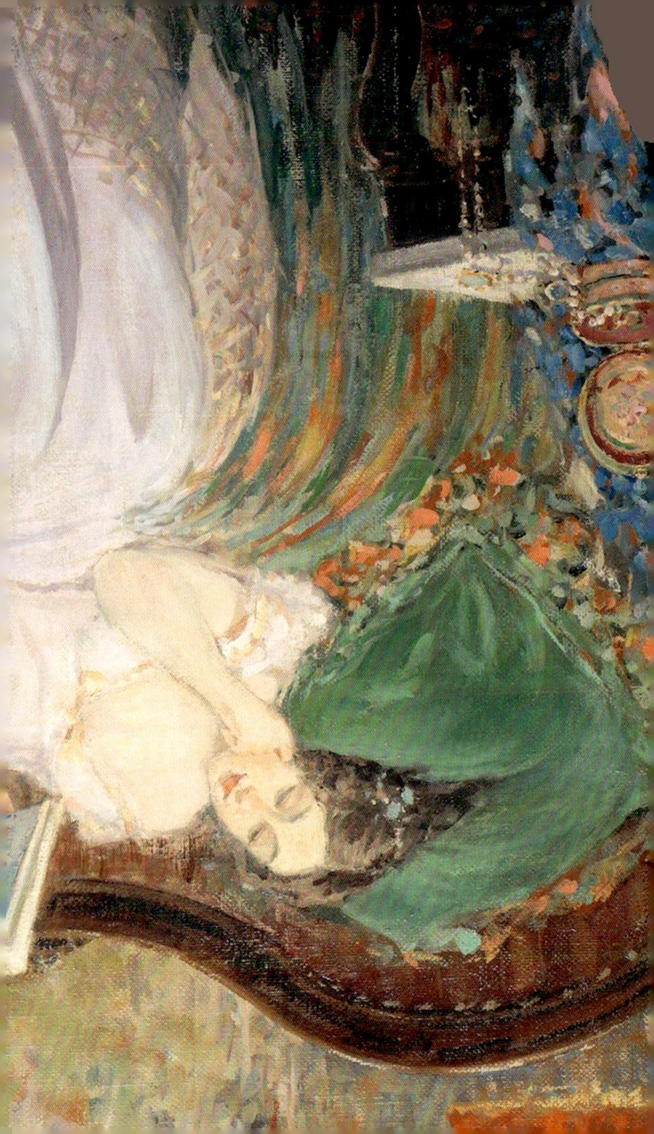

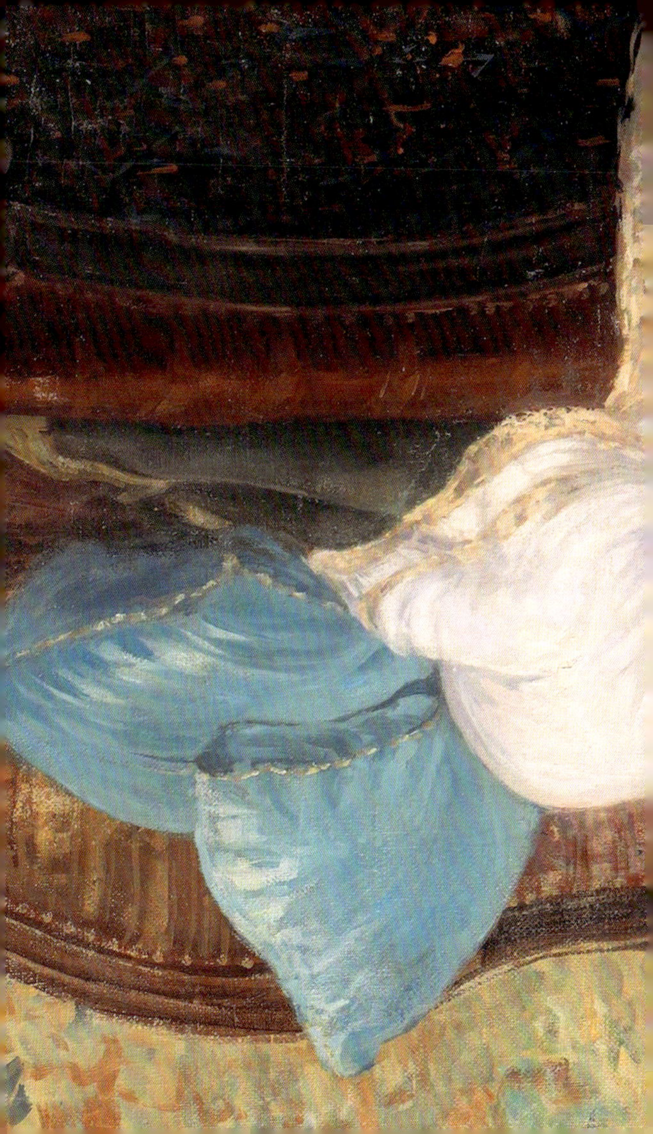

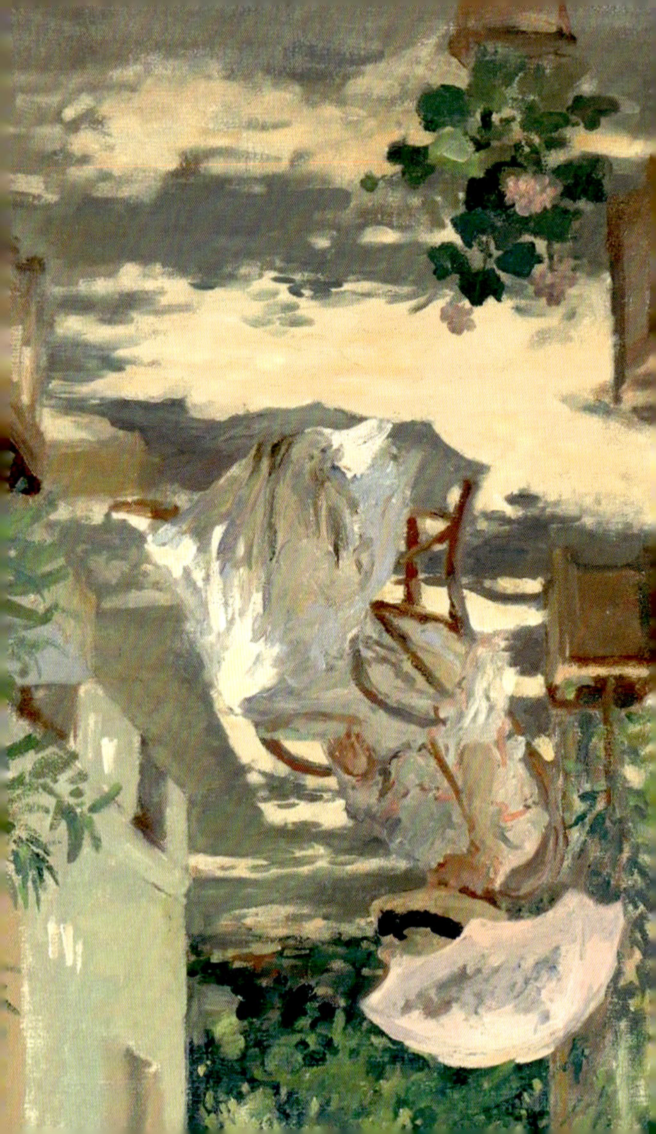

Die Lust an der Literatur
ist auch die Lust am Leben.
Die Kunst, zu lesen,
in ein Buch hineinzufallen,
darin zu versinken, kaum
noch auftauchen zu können,
ist ein Stück
Lebenskunst.

ELKE HEIDENREICH

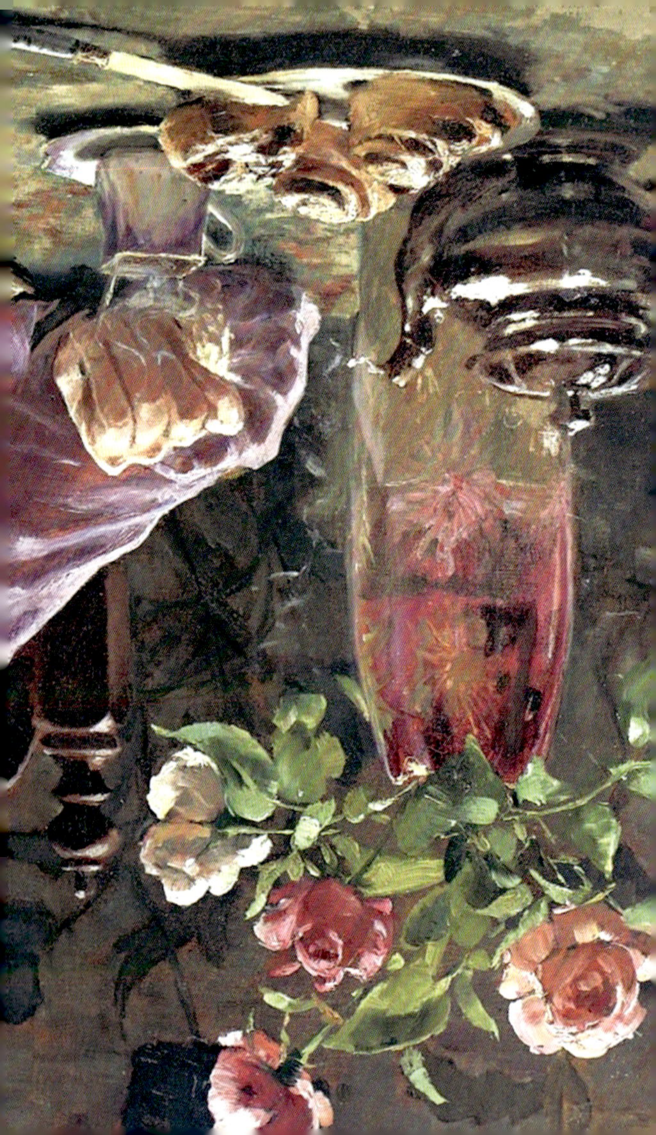

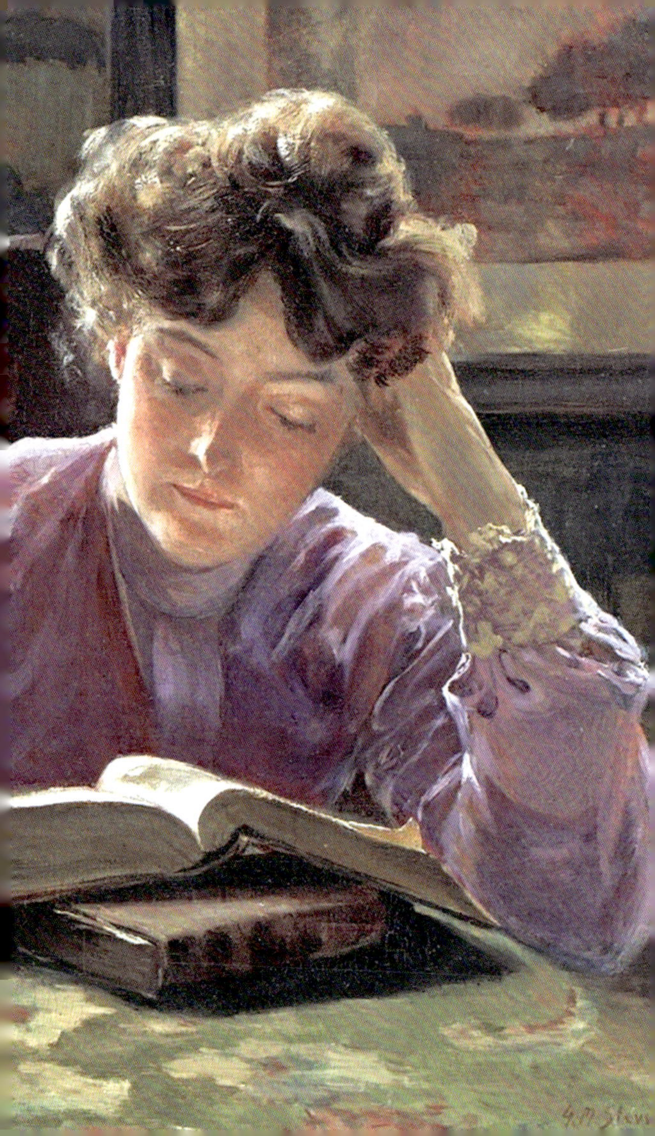

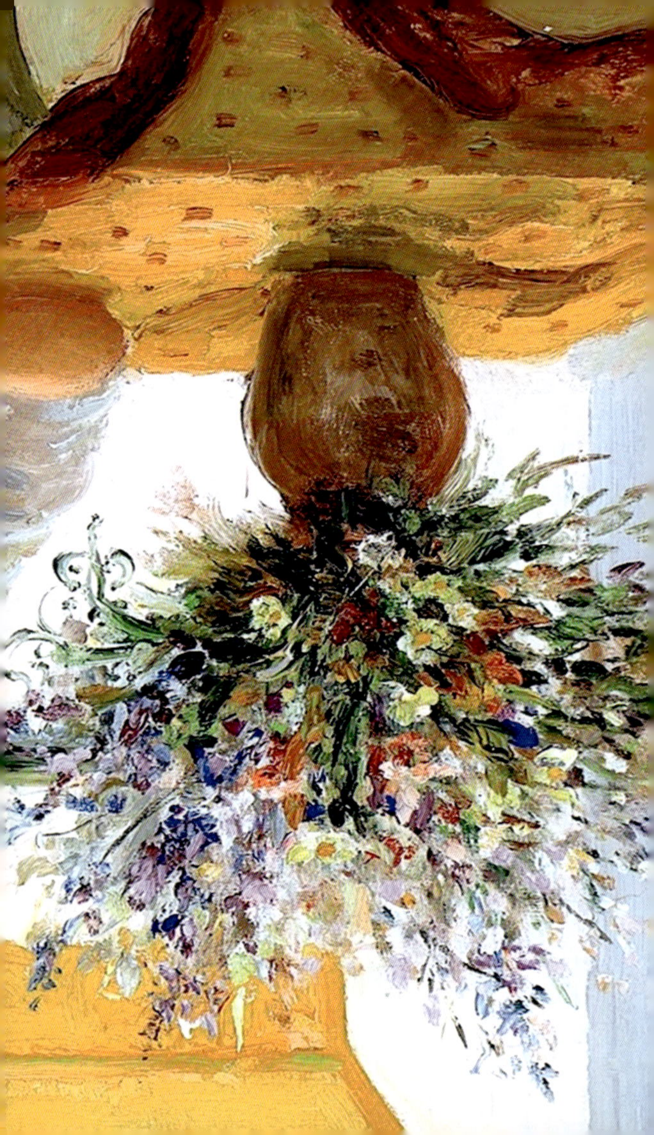

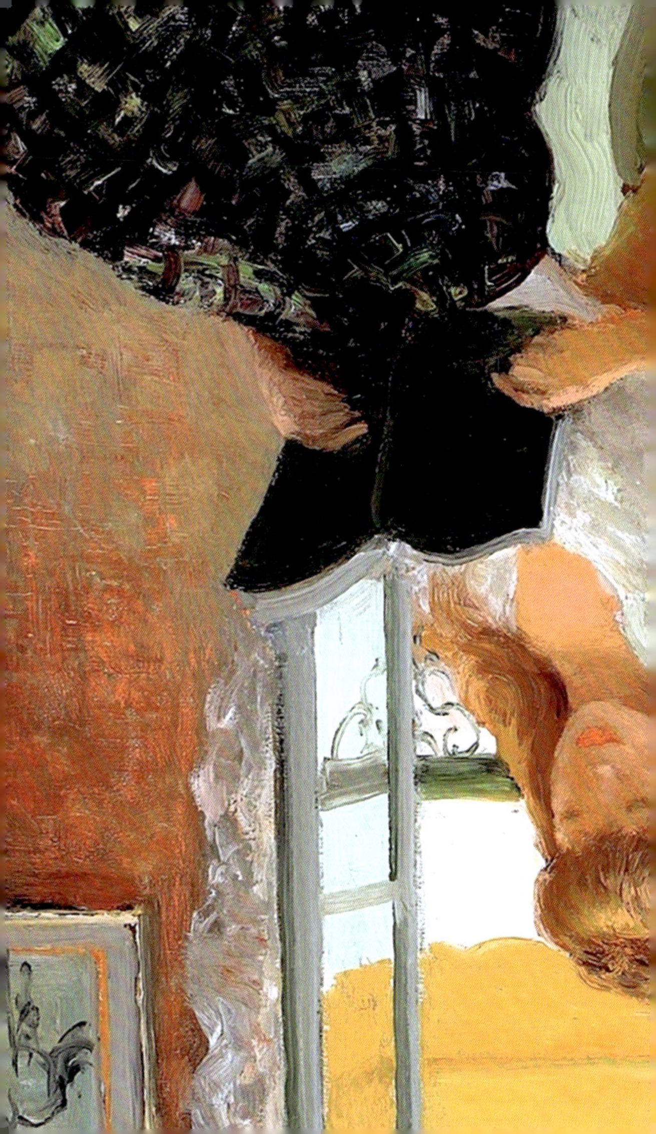

Und davon träume
ich jedes Mal, wenn
ich ein Buch öffne:
dass es mich nicht
loslassen
möge, weit über die
letzte Seite hinaus.

DORIS DÖRRIE

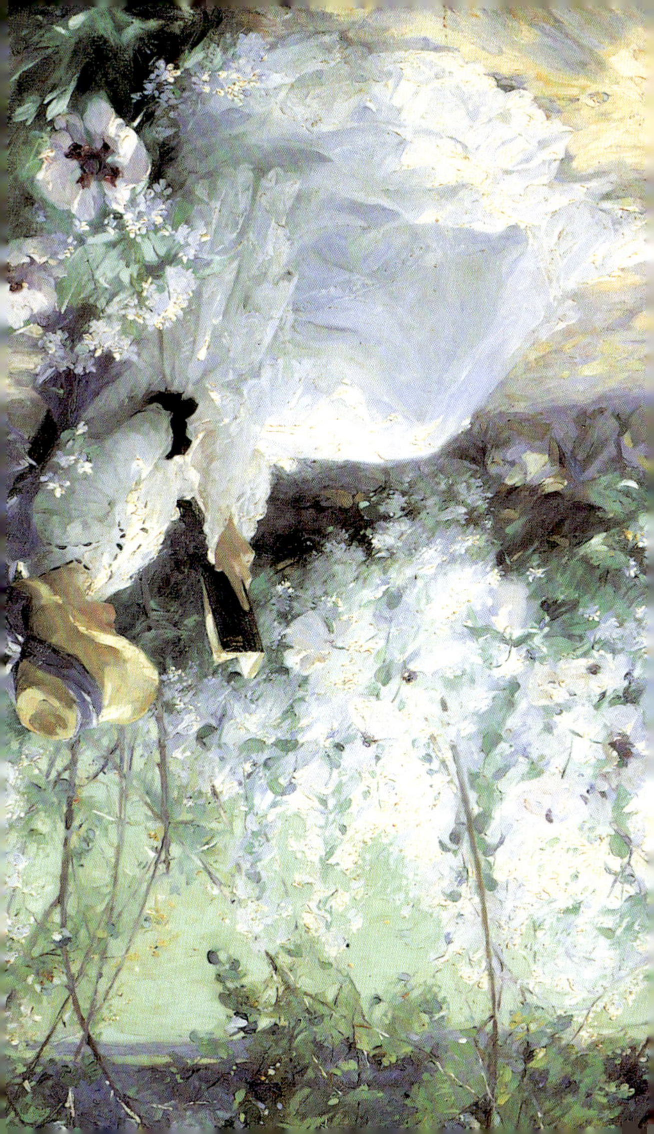

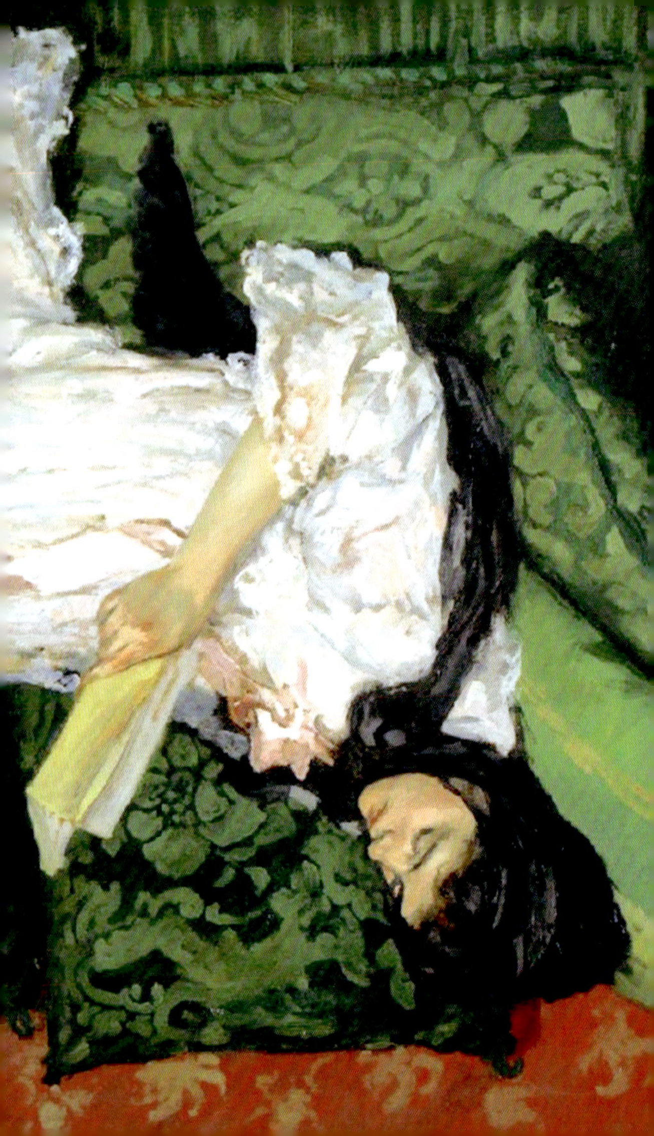

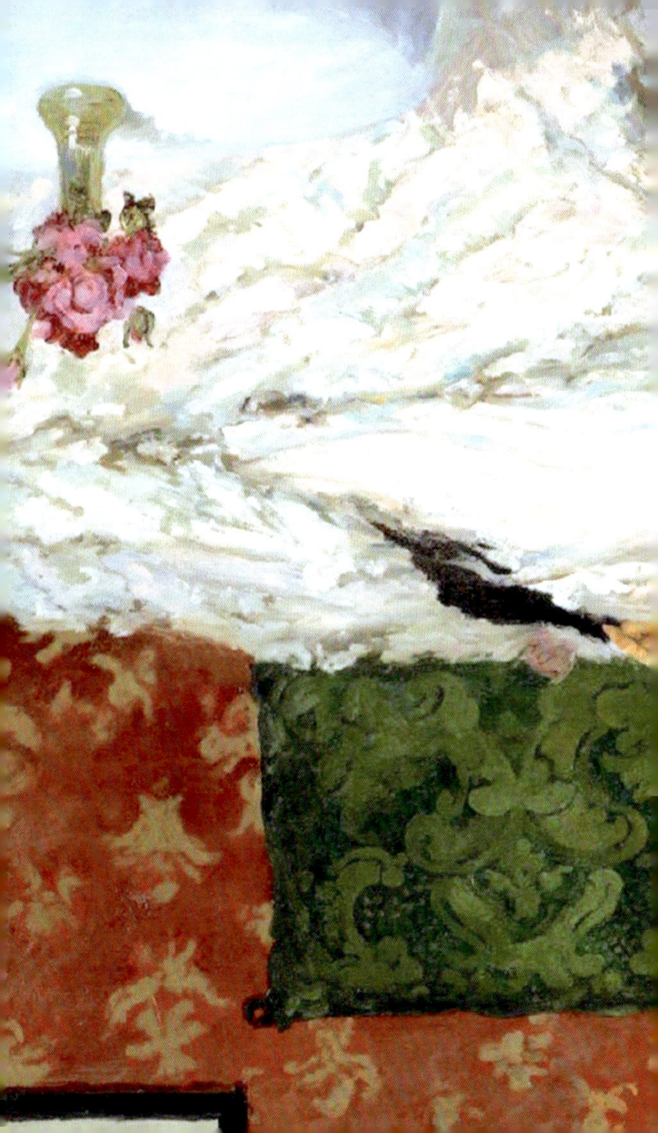

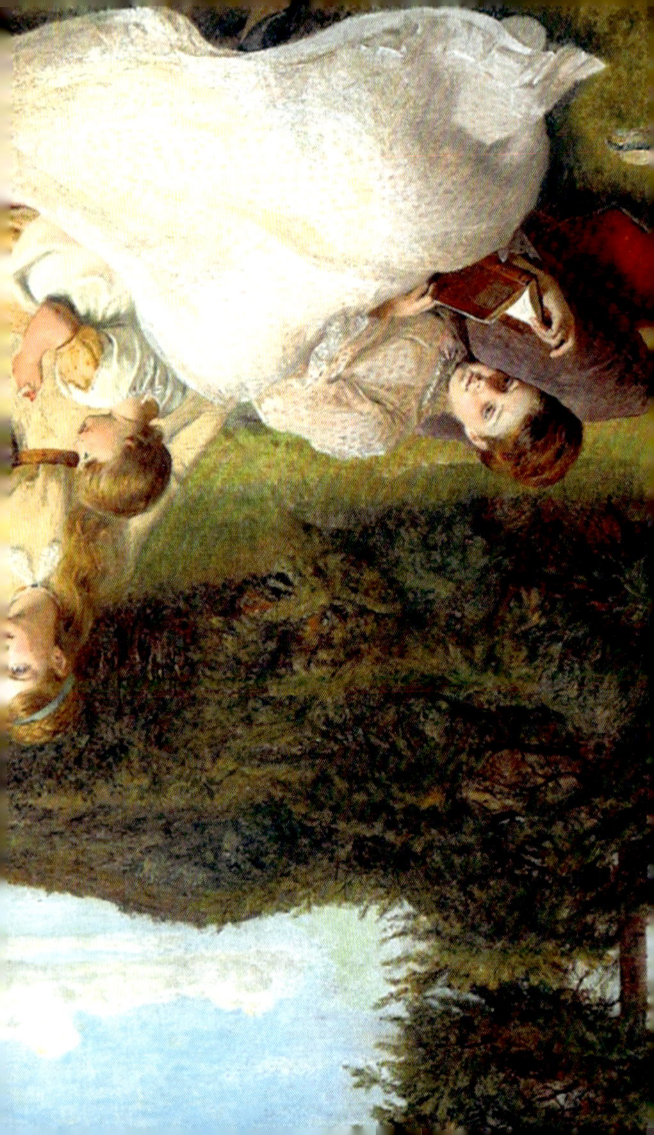

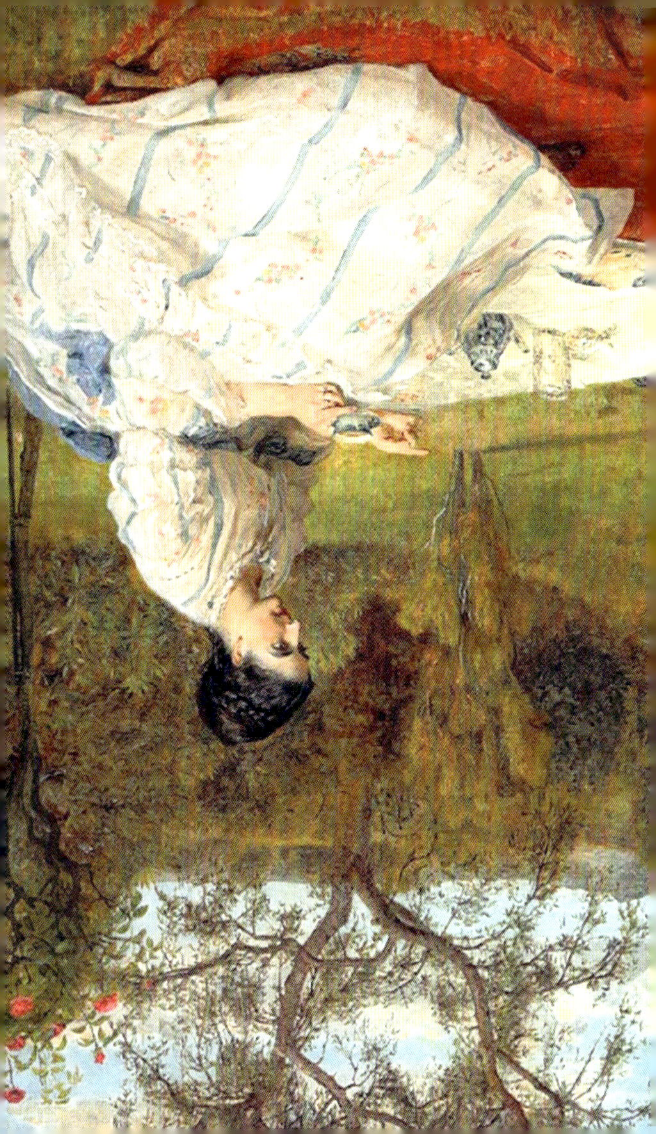

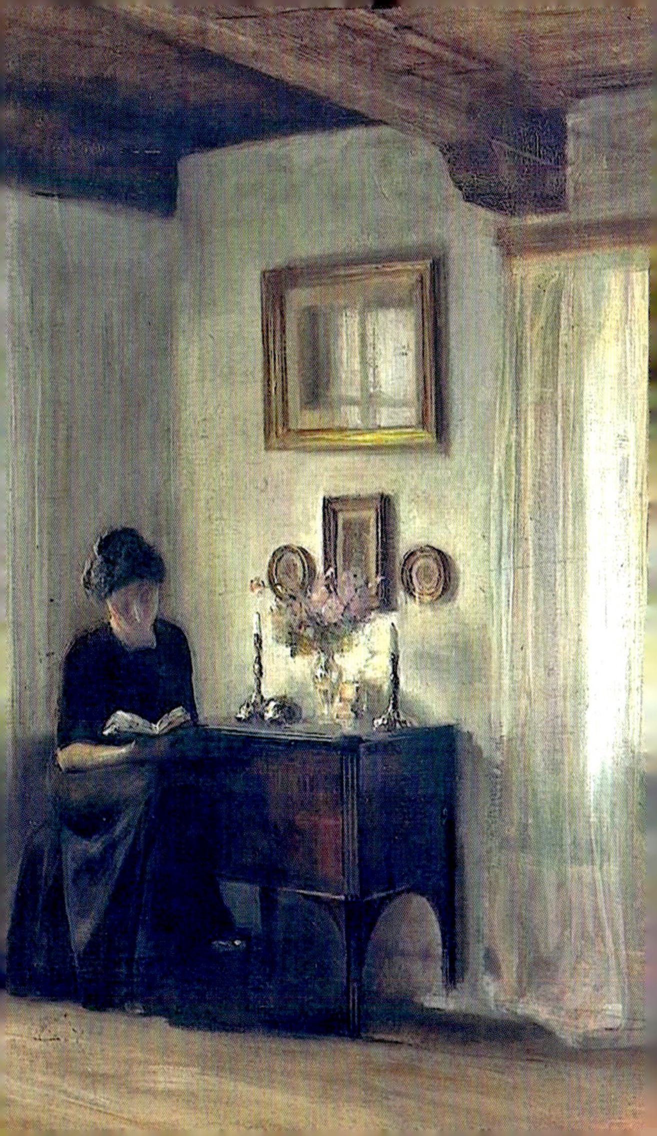

WANN IMMER
ICH ZU LESEN
ANFANGE,
VERGESSE ICH,
DASS ICH AUF
DER WELT BIN.

ANZIA YEZIERSKA

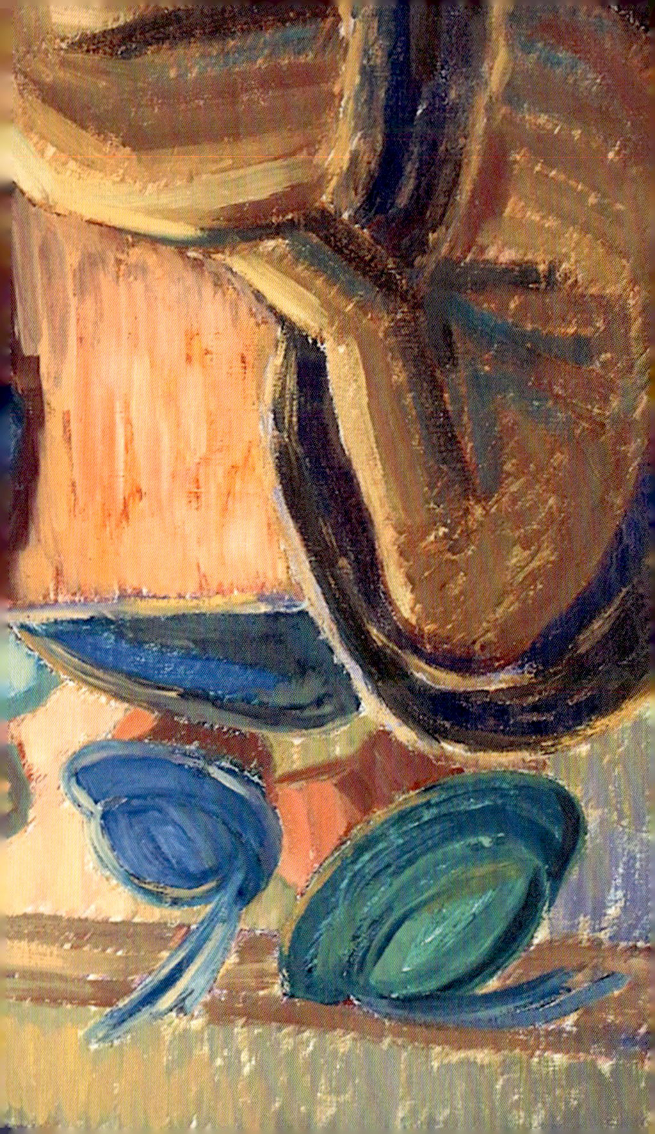

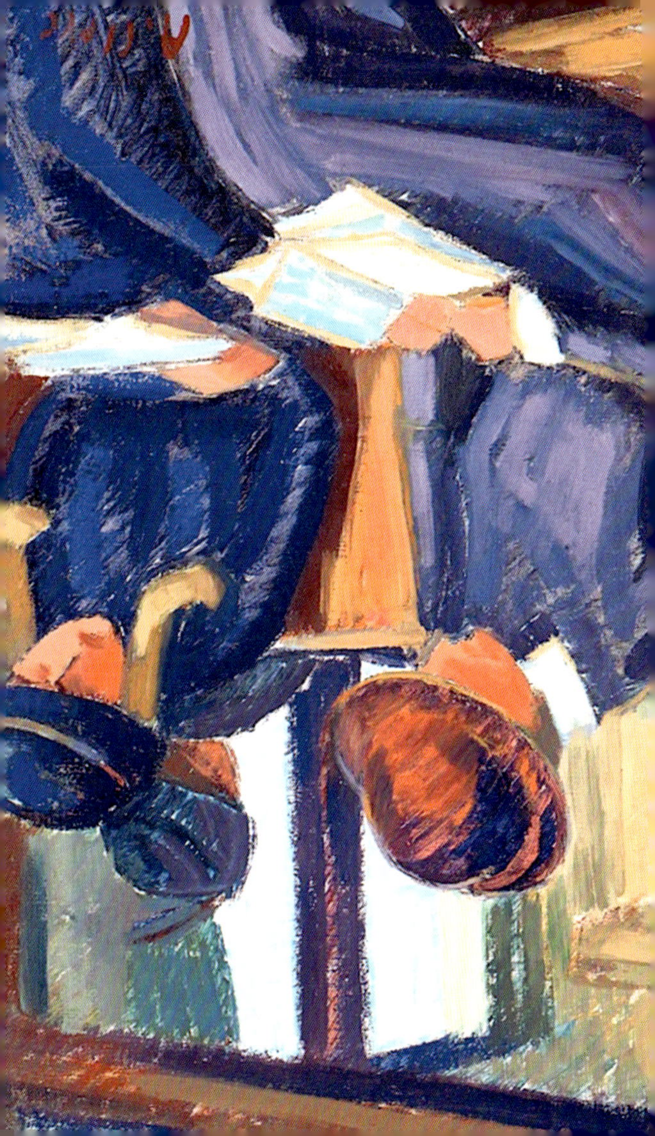

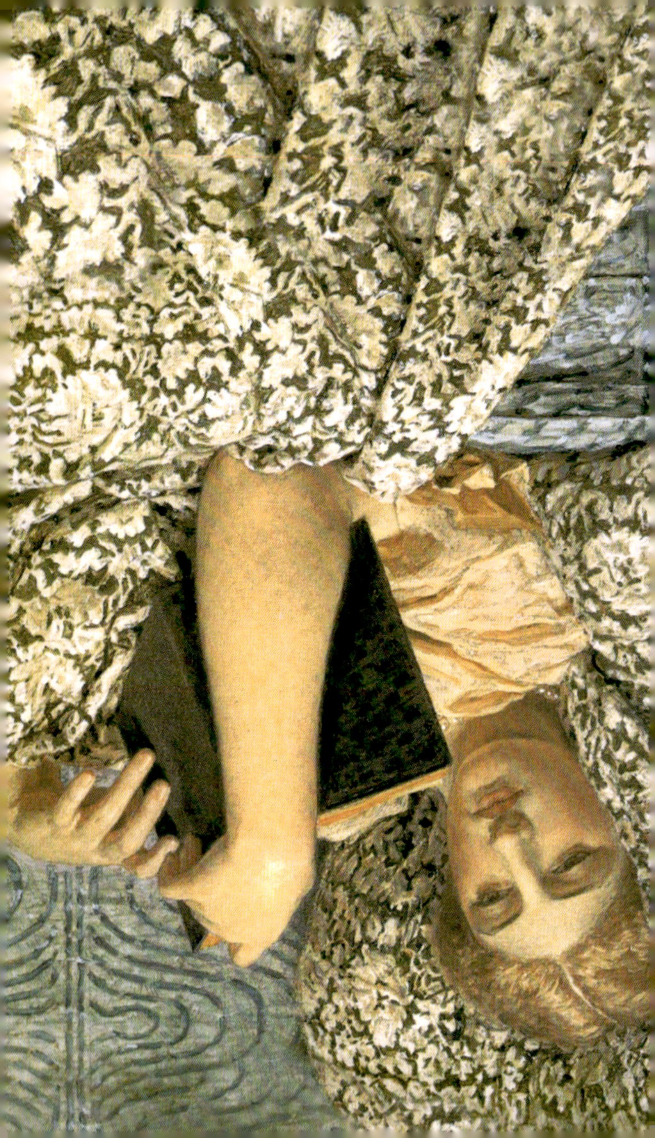

Es gibt nur eine Stunde
eines gewöhnlichen Tages,
die noch vergnüglicher ist als
die Stunde, die man mit einem
Buch im Bett vor dem Einschlafen
zubringt. Und das ist
die Stunde mit einem Buch
im Bett, nachdem man am
Morgen geweckt wurde.

ROSE MACAULAY

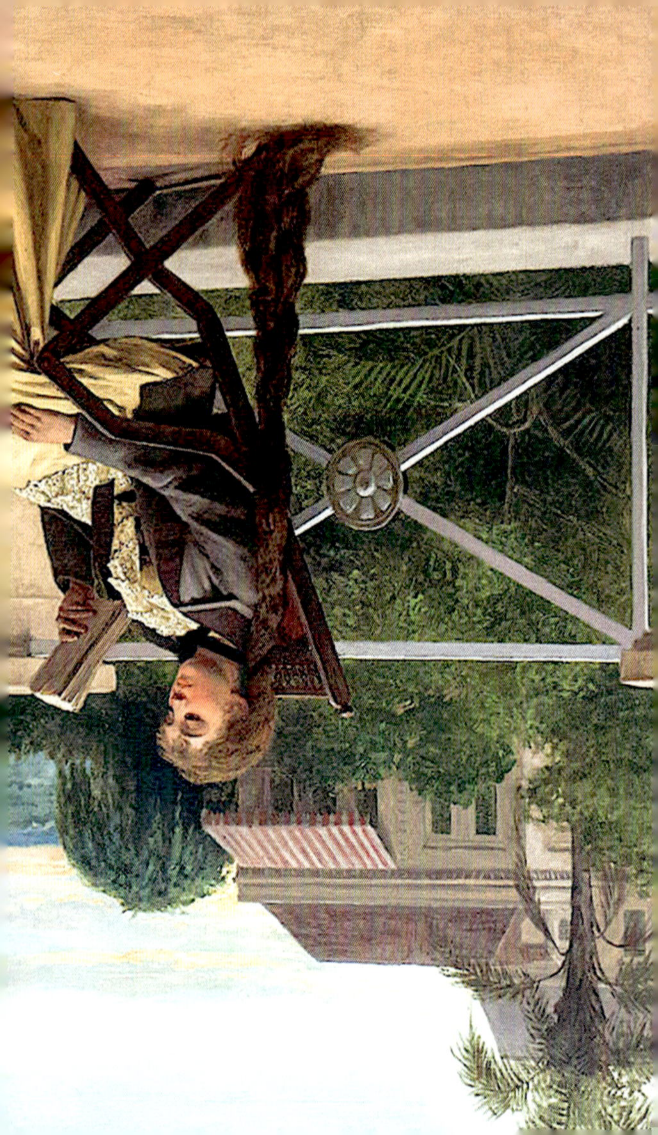

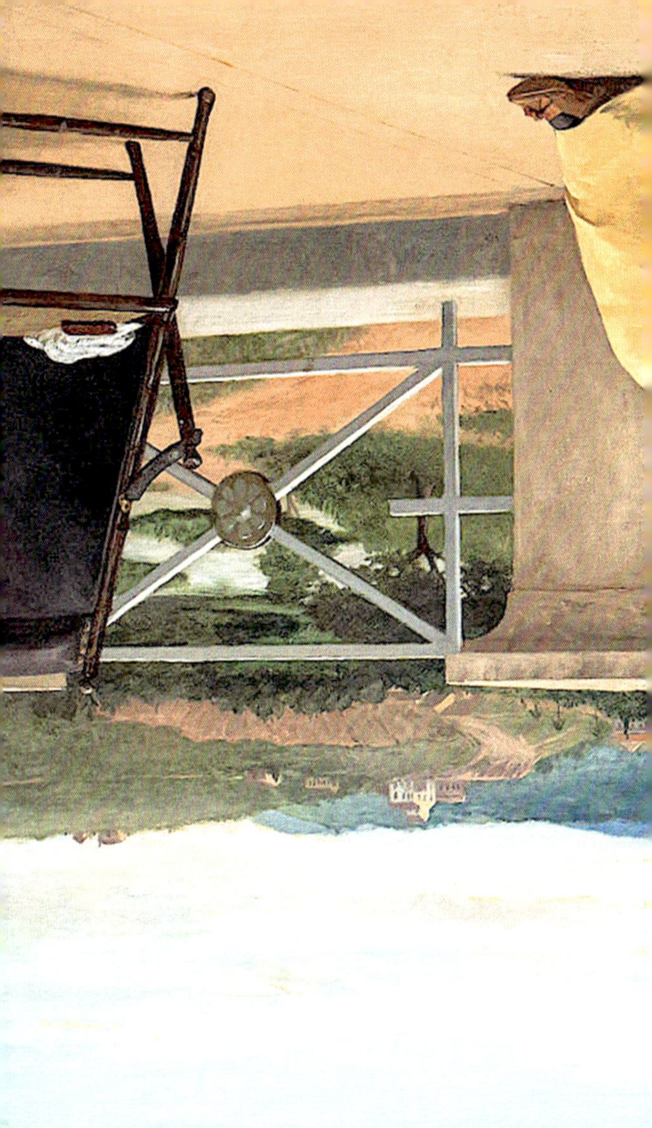

BILDNACHWEIS

Seite 2/3 Sally Storch (*1952): Summer Porch, 2012 (Privatsammlung). Seite 4/5 Carl Larsson (1853-1919): Lesende Frau auf einer Bank, 1913 (Musée du Louvre, Paris/Bridgeman Images). Seite 6/7 Johan Krouthén (1858-1932): Drei lesende Frauen in einer Sommerlandschaft, 1908. Seite 8 Estefania Jiménez Zúñiga: Compartiendo lecturas (Privatsammlung). Seite 10 Paul César Helleu (1859-1927): Madame Helleu, am Strand lesend, 1896 (Musée des Beaux-Arts de Bayonne). Seite 12 Carl Larsson (1853-1919): Portrait von Dora Lamm, um 1900 (Privatsammlung). Seite 17 Amedeo Bocchi (1883-1976): Bianca in Rosa, 1930 (Collezioni d'Arte Fondazione Cariparma). Seite 18 Frank Frigyes (1890-1976): Mimi im Liegestuhl, 1927 (Privatsammlung). Seite 20 Mary Cassatt Stevenson (1844-1936): Mrs. Duffee, auf einem gestreiften Sofa lesend, 1876 (Museum of Fine Arts, Boston). Seite 22/23 Wilhelm Amberg (1822-1899): Mädchen mit blauer Schleife (Privatsammlung). Seite 24 Sir John Lavery (1846-1941): Miss Auras (Das rote Buch). Seite 27 Rupert Charles Bunny (1864-1947): Lesende Frau, 1907. Seite 28 Kenton Nelson (*1954): Bluestocking (Privatsammlung). Seite 31

Joseph Stella (1877-1946): Portrait einer sitzenden Frau mit Buch (Privatsammlung). Seite 32/33 J. Theodore Johnson (1902-1963): Chicago Interior, um 1934 (Privatsammlung). Seite 35 Valentin Serow (1865-1911): Portrait von Adelaida Simonowitsch, 1889. Seite 36 Carl Vilhelm Holsoe (1863-1935): Lesendes Mädchen (Privatsammlung). Seite 39 Alexander C. W. Duncan (1884-1932): Das lesende Mädchen, 1896 (Privatsammlung). Seite 40 William Strang (1859-1929): Lesendes Mädchen (The Storyteller), 1911 (Privatsammlung). Seite 43 William Adolphe Bouguereau (1825-1905): Das Preisbuch (Privatsammlung). Seite 44 Kitty Lange Kielland (1843-1914): Interieur, 1883 (Privatsammlung). Seite 47 August Macke (1887-1914): Blaue lesende Frau (Die Frau des Künstlers), 1912. Seite 48 Magnus Enckell (1870-1925): Portrait von Mrs. E. Gadolin-Lagervall, 1901 (Suomen Kansallisgalleria). Seite 51 Kees van Dongen (1877-1968): In der Düne, 1927-1930 (Privatsammlung). Seite 52/53 Wilhelm Amberg (1822-1899): Frauen in Weiß, draußen lesend (Privatsammlung). Seite 55 Robert Sivell (1888-1956): Elspeth, 1941 (Aberdeen Art Gallery and Museums). Seite 56 Albert Reuss (1889-1975): Lesende, 1935 (Privatsammlung). Seite 59 Gillian Furlong (*1948): Sonntagmorgen,

Newlyn (Bridgeman Images). Seite 61 Laurits Andersen Ring (1854-1933): Beim Frühstück, 1898 (Bridgeman Images). Seite 62 Louis Émile Pinsel de Grandchamp (1831-1894): Mädchen am Fuß eines großen Baumes lesend (Privatsammlung). Seite 64 Henri Lebasque (1865-1937): Lesende Frau (Privatsammlung). Seite 66/67 Henri Matisse (1869-1954): Lesende Frau, in den Tag träumend, 1921 (VG Bild-Kunst). Seite 68/69 Carl Larsson (1853-1919): Lisbeth beim Lesen, um 1900 (Nationalmuseum, Stockholm). Seite 71 Ernst Anders (1845-1911): Junge lesende Frau (Privatsammlung). Seite 72/73 Rowland Wheelwright (1870-1955): Irene lesend auf einem Chesterfield-Sofa (Privatsammlung). Seite 74/75 Maurice Louis Tete (1880-1948): Lesende Frau in einem Interieur (Privatsammlung). Seite 76 Alexander Koester (1864-1932): Lesende unter Birken (Privatsammlung). Seite 78/79 Leon Kroll (1884-1974): Interieur (Lesendes Mädchen), 1960 (Privatsammlung). Seite 80/81 Sigismund Iwanowski (1875-1944): Ruhende Frau (Privatsammlung). Seite 82 Carl Vilhelm Holsoe (1863-1935): Lesend am Fenster (Artothek). Seite 84/85 Augustus Edwin John (1878-1961): Der blaue See, 1911 (Aberdeen Art Gallery and Museums). Seite 86/87 Roland Wheelwright (1870-1955): Junge Frauen am Strand, 1923 (Privatsammlung). Seite 88 Federico Zandomeneghi (1841-1917): Die schöne Lektüre, 1897 (Privatsammlung). Seite 90/91 Randolph Stanley Hewton (1888-1960): Träumerei, um 1928 (Musée National des Beaux-Arts, Quebec). Seite 93 Ulisse Caputo (1857-1929): Mußestunden (Privatsammlung). Seite 94/95 Ellen de Groot (*1959): Hanna und Dante, 2006 (Privatsammlung). Seite 97 Frédéric Dufaux (1852-1943): Lesen (Privatsammlung). Seite 98/99 Frances Jones Bannerman (1855-1940): Der Wintergarten, 1883 (Privatsammlung). Seite 100/101 Félix Vallotton (1865-1925): Die niedergelegte Lektüre, 1924 (Musée des Beaux-Arts, Lyon/AKG Images). Seite 102/103 Ulisse Caputo (1857-1929): Die erfreuliche Lektüre (Privatsammlung). Seite 104 Rupert Charles Bunny (1864-1947): Eine sonnige Pause, um 1913 (National Gallery of Victoria). Seite 106/107 Gustav Max Stevens (1871-1946): Stilles Vergnügen, 1898 (Privatsammlung). Seite 108/109 Marcel Dyf (1899-1985): Junge Frau, neben einer Blumenvase lesend (Privatsammlung). Seite 111 Frank Bramley (1857-1915): Lesende Frau im Garten, 1909 (Privatsammlung). Seite 112/113 Rupert Charles Bunny (1864-1947): Jeanne lesend (Privatsammlung). Seite 114/115 James Archer (1823-1904): Das Picknick,

1870 (Privatsammlung). Seite 117 Carl Vilhelm Holsoe (1863-1935): Interieur mit lesender Frau (Privatsammlung). Seite 118/119 Agnes Cleve (1876-1951): Lesen im Zug (Privatsammlung). Seite 120 Albert Joseph Moore (1841-1893): Red Berries, 1884 (Detail). Seite 122/123 José Ferraz de Almeida (júnior, 1850-1899): Lektüre, 1892 (Pinacoteca do Estudo de Sao Paolo).

ISBN 978-3-85179-487-8

Text von Christine Westermann
Bildauswahl von Johannes Thiele
Gestaltung und Satz von Christina Krutz
Coverbild von Pierre-Auguste Renoir
Druck von Longo, Bozen

www.thiele-verlag.com